眠れないほどおもしろい
徳川実紀

板野博行

三笠書房

ピンチの連続、我慢の限界を
家康はどう乗り越えた？

『徳川実紀』の世界へ
ようこそ

はじめに

焦らず急がず〝最後に笑った男〟の生涯

徳川家康の御遺訓《ごいくん》とされている言葉がある。

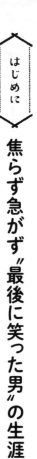

人の一生は重荷を負《お》ひて遠き道をゆくが如《ごと》し。急ぐべからず。
不自由を常と思へば不足なし。
心に望み起こらば困窮《こんきゅう》したる時を思ひ出《いだ》すべし。
堪忍《かんにん》は無事《ぶじ》長久《ちょうきゅう》の基《もとい》、怒りは敵と思へ。
勝事《かつこと》ばかり知りて負《ま》くる事を知らざれば、害《がい》其《その》身にいたる。
おのれを責《せ》めて人を責むるな。
及ばざるは過《す》ぎたるより勝《まさ》れり。

出だしの一節、**「人の一生は重荷を負ひて遠き道をゆくが如し」**は、誰もが一度は聞いたことのある有名なものだろう。この御遺訓は家康が将軍を退位する際に話したものとされているが、残念ながら後世の偽作で、もとになったのは徳川光圀《みつくに》（水戸黄門《みとこうもん》）の「人のいましめ」という教訓だ。

しかし、家康の人生をこれほど適切に集約した言葉はないだろう。焦《あせ》らず急がず、数々の困難を乗り越え、目先の勝利や敗戦に一喜一憂することなく、時が来るのをジッと待つ賢さと忍耐力が家康にはあった。

「天下布武《ふぶ》」を掲げた織田信長《おだのぶなが》、「猿」から「太閤《たいこう》」へと成り上がった豊臣秀吉《とよとみひでよし》のあとを受け、最後の最後に笑ったのは、征夷大将軍《せいいたいしょうぐん》となって江戸幕府を開いた「タヌキ親父」こと徳川家康だった。

「一寸先は闇《やみ》」の戦国時代を生き抜き、最後の勝者となった家康は「不自由」を当然とし、「困窮」を忘れず、怒らず人を責めず、「堪忍」の二文字を胸に秘めて不言実行し、天下のために自らは質素倹約に努めた本物の賢人だった。

いかにして家康が「神君《しんくん》」と呼ばれる存在へと至ったのかを、『徳川実紀《じっき》』をベースにして本書でたどっていこう。

板野博行

目次

2章

「九死に一生を得た」先で、何を悟ったか？

……レジェンド信玄も驚嘆！　「三河武士との固い絆」

3章 潰えた信長の野望！ どうする、家康!?
……堺から岡崎までいかに逃げ延びるか！

4章

「秀吉に臣従するか否か」――そこが問題だ！

……群雄入り乱れて「信長の後継者争い」勃発！

5章

時は来た——家康の「天下取り」始動！

……乱世に終止符を！

「盤石の体制」はこうして築かれた

コラム

漫画・イラストレーション　谷端 実
地図作成　有限会社美創（伊藤知広）

案内役は大久保彦左衛門がつかまつらん!!

大久保《おおくぼ》家は徳川家中において由緒正しき名家。そして、ワシ「**彦左**《ひこざ》」こと**大久保彦**《ひこ》**左衛門忠教**《ざえもんただたか》は、家康・秀忠《ひでただ》・家光《いえみつ》と三代にわたって徳川家に仕えた生《は》え抜きだ。ワシの生まれた一五六〇年は、桶狭間《おけはざま》の戦いのあと、家康が今川《いまがわ》氏から自立を果たした年。こう見えて家康の十八歳年下じゃ。

ワシが十六歳の時、家康公に初見参。それ以来、約四十年にわたり大坂夏の陣に至るまで武功を挙げたが、母が側室、かつ八男という事情でなかなか直参《じきさん》(※)になれなかった。

三代家光公の時代に、五十歳を超えてやっと直参旗本となったものの、時は「元和《げんな》偃武《えんぶ》」（和を始めて武を止める＝戦国の争乱の終焉《しゅうえん》）という太平の世。武断の時代を生きてきたワシのような硬骨な武士は無用の長物と言われてしまう始末。

しかしこの彦左、雛《ひな》人形みたいに着飾ってお世辞を言うことはできぬ。**「天下御免の頑固おやじ」**として、お耳の痛い小言も言わねばなるまい。そこで、正月の年始御礼《おんれい》には家康公から拝領した古い陣羽織《じんばおり》を着、盥《たらい》の駕籠《かご》に乗って江戸城に向かったもんじゃ。

彦左が子孫のために書き残したのが、徳川家と大久保家のことを綴《つづ》った『三河物語《みかわものがたり》』。門外不出の書のつもりが、なぜかベストセラーになるとはこれいかに!!

まあ、そこはおいておくとして、**「天下のご意見番」**と称されたこの彦左が、**江戸幕府の公式史書である『徳川実紀《じつき》』をベースに、『三河物語』や、その他の史料に基づいて家康公の一生と、名だたる戦国武将たちや戦いの数々をナビゲート**つかまつらん!!

※江戸幕府に直属した一万石未満の武士。将軍に直接会える御目見《おめみえ》以上の旗本と、それ以下の御家人《ごけにん》とに分かれる。

『徳川実紀』とは

『徳川実紀』は、**正式には『御実紀《ごじつき》』**といい、江戸幕府の公式史書として編纂《へんさん》された。発起人および編纂総括者は、江戸時代後期の儒学《じゅがく》者**林 述斎《はやしじゅつさい》**。述斎は林羅《ら》山《ざん》を祖とする林家《りんけ》八代目であり、林家中興の祖と呼ばれた人物だ。

述斎のプロデュースのもと、儒学者で歴史家の**成島司直《なるしまもとなお》**らが編纂の実務に当たった。三十五年近い編纂作業の末、一八四三年に正本五百十七冊が完成し、十二代将軍徳川家慶《いえよし》に献上された。

『徳川実紀』は、初代徳川家康から十代将軍徳川家治《いえはる》までの出来事を、幕府の日記をもとに編年体で記述しており、各巻に歴代将軍の諡号《しごう》(※)を冠している。

例えば家康は『東照宮《とうしょうぐう》御実紀』、二代秀忠は『台徳院殿《たいとくいんどの》御実紀』、三代家光は『大猷院殿《たいゆういんどの》御実紀』など。『徳川実紀』の完成後も、『続徳川実紀』が引き続き編纂されたが未完に終わっている。

※貴人の死後、生前の事績の評価に基づいて贈られる名(諡《おくりな》)。

1章

「天下人への資質」はかくして育まれた！

……まさに臥薪嘗胆！不遇を糧にした幼少時代

弱小国、三河の松平家に生まれた竹千代

時は戦国時代
弱小国、三河の松平家
西に織田、東に今川
北に武田
武田
織田
松平
今川
家康はまだ誕生前
祖父は家臣に暗殺
父も岡崎城から追放
松平家ピンチ!?
そんな中
隣国の水野家の娘と
家康の父広忠が政略結婚
1542年、
ヒーロー竹千代（家康）誕生!!
オギャー!!
（神将の生まれ変わりだぞ!!）

しかし、
水野家と松平家とが
対立して両親は離縁
母上～
竹千代は3歳で母と
離れ離れに
試練は続く
6歳で人質に出される
まず織田家に売られる
父上～
その後
今川家で10年以上の
人質生活（黒歴史）
堪忍
ここで「堪忍」の
精神を養った
でも意外に
自由だったりもして
鷹狩りも
やったよ～

時は十六世紀半ば、戦国時代の真っただ中。武田《たけだ》、上杉《うえすぎ》、北条《ほうじょう》、今川《いまがわ》、織田《おだ》、伊達《だて》、朝倉《あさくら》、毛利《もうり》、島津《しまづ》……などなど、群雄雲のごとく湧き興り、国盗《くにと》り合戦が繰り広げられる中、**家康は「松平家《まつだいらけ》」の嫡男《ちゃくなん》として三河《みかわ》（愛知県東部）の岡崎で生まれた。**

父は松平家八代目の当主広忠《ひろただ》。

「松平」といえばエラそうに聞こえるかもしれないが、当時の松平氏は、尾張《おわり》（愛知県西部）の織田氏と、駿河《するが》・遠江《とおとうみ》（いずれも静岡県）の今川氏に挟《はさ》まれ、非常に弱い立場にあった。「前門の虎、後門の狼」ならぬ**「西に織田、東に今川」**、いや、さらに**「北に武田」**もいて、相当に厳しい状況だった。

英君と呼ばれた家康の祖父清康《きよやす》が織田氏と戦うために尾張森山（現・名古屋市守山区）に着陣した時、家臣の一人に暗殺されるという事件（森山崩れ）が起きた。あとを継いだのは家康の父広忠だったが、まだ十歳にすぎなかった。

そこに付け込んだ大叔父《おおおじ》の松平信定《のぶさだ》の謀略によって、広忠は岡崎城から追い出されてしまった。信定は清康と家督を争って敗れた過去があり、清康が非業《ひごう》の死を遂げたのをチャンスと見て、まだ若い広忠を逐《お》って自ら岡崎城主になったのだ。

「西に織田、東に今川」…前途多難な三河に爆誕した竹千代

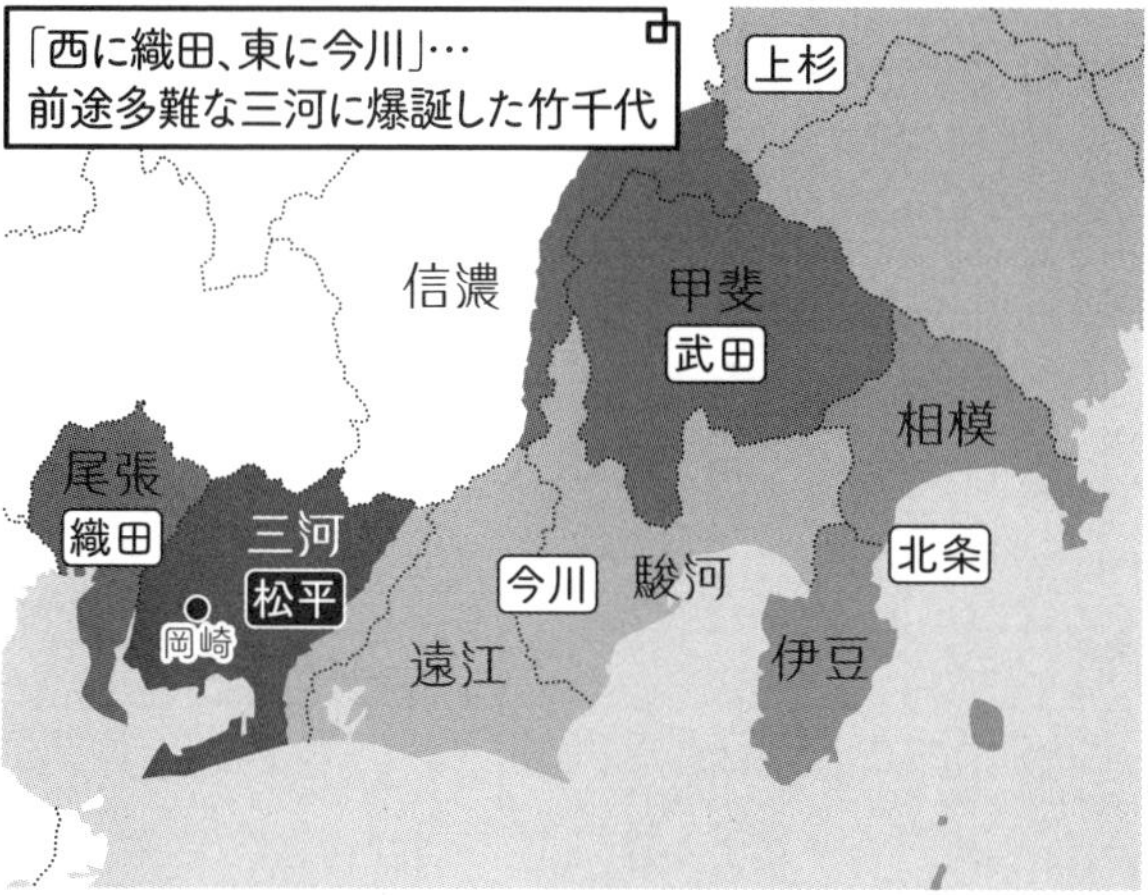

広忠は伊勢《いせ》（三重県）に落ち延び不遇の生活を送っていたが、十四歳で元服すると立派な若者に育った。家来たちは広忠を再び岡崎城に迎え入れようと動きはじめた。

一方、その気配を察した信定は先手を打って広忠を討とうとしたが、ワシの伯父の大久保新八郎《しんぱちろう》（忠俊《ただとし》）と、その郎党たちが大活躍して岡崎城を奪還した。

「やっと本望を遂げることができましたぞ!!」

新八郎がそう言いながら城門を開いて広忠を迎え入れると、歓迎する家来たちが鬨《とき》の声をあげた。それを聞いた信定は降参し

て広忠に詫《わ》びを入れた。広忠はこれを赦《ゆる》し、信定は以前のように仕えることになった（広忠殿は優しすぎる気がするが）……ともかく、こうして松平家の内紛はめでたく収まったのだった。

家康は「松平家」の嫡男として生まれた

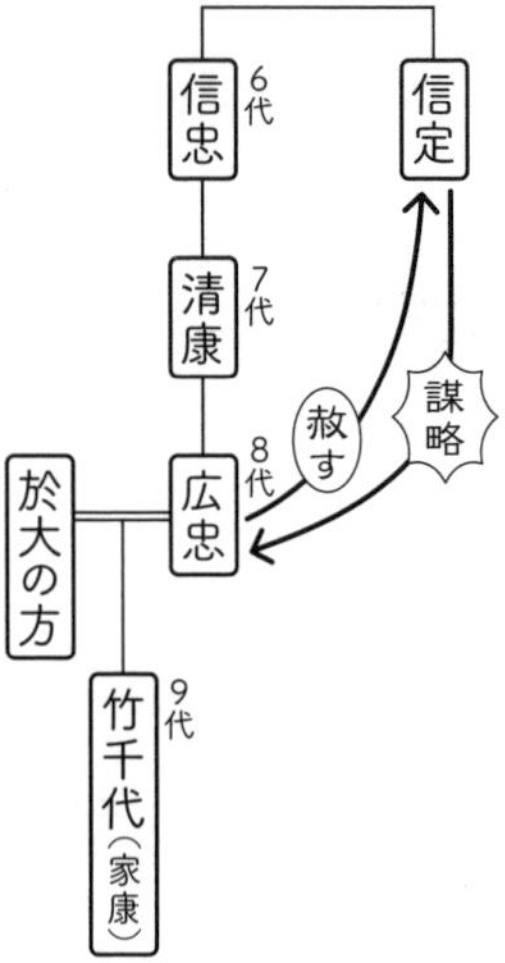

広忠は家臣たちをまとめ、次第に人心を掌握《しょうあく》していった。また広忠は松平家の保身のために、**隣国の豪族水野家の娘於大《おだい》の方と政略結婚**した。於大の方十四歳、広忠十六歳の時のことだった（27ページ参照）。

そして、一五四二年十二月二十六日、**寅《とら》の年、寅の刻、われらが家康こと、竹千代《たけちよ》が誕生した**。広忠はもとより、家臣たちの喜びようはこれ以上ないものだった。みなの願いはただ一つ。「強い男の子に育て!!」。

まだ弱小国だった三河国を護るために、広忠は「東海の大大名」と呼ばれたスーパー大名の今川義元《よしもと》に接近した。ところが、於大の方の父が亡くなり、水野家の家督を継いだ於大の方の兄信元《のぶもと》が今川氏と絶縁して織田氏に寝返ったため、今川氏との関係を慮《おもんぱか》った広忠により於大の方は離縁されてしまう。

早くも竹千代の人生に受難が訪れた。**三歳（満一歳十一カ月）にして、実母と離れ離れになってしまった**のだ。

「今川家の人質」になるはずが織田家に売られ……

広忠が恐れていたように、尾張の織田信秀《のぶひで》（信長の父）が攻め込んできた。岡崎城危うし。「単独では勝てない」と思った広忠が、義元に援軍を申し入れると、

「加勢なんて簡単でおじゃる。ただし、人質を差し出してほしいでおじゃる」

と返事が来た（義元は「貴族文化」に憧《あこが》れていた）。広忠は岡崎城を護るために仕方なくこの条件を飲んで、まだ数え六歳の竹千代を人質として差し出すことにした。

ところが、駿府《すんぷ》（現・静岡市）への護送の途中に広忠の舅《しゅうと》（義母の父）の裏切りに遭《あ》って、竹千代はさらわれ、**永楽銭千貫文《せんがんもん》（現在の貨幣価値で約三億円）で織田信秀に売られてしまった**。ば、馬鹿な!!（のちの家康とわかっていれば百億でも安いもんじゃが）

竹千代を強奪した信秀は、広忠に降参するよう働きかけたが、広忠は要求に応じるどころか、「息子を今川に人質に出した以上、どこに行こうと同じこと。殺したければ殺せ。息子一人のために今川を裏切るつもりはない」と言い放ったのだ。**竹千代は実の父に見捨てられてしまった**。

ワシこと彦左は、広忠のことを「慈悲深く憐《あわ》れみの心に富んだ人物」（by『三河物語』）と書いたのだが、ここでの広忠は、心を鬼にして護るべき国のために私心を捨てた。だが、広忠は心の中で竹千代のことを思って泣いていたに違いあるまい。

人質を得ることができなかった義元だが、意外にも約束通り援軍を送ってきた。織田氏に三河を占領されてしまうと、今川氏にとって痛手となるからだ。

今川軍の加勢を得た広忠は、織田軍の攻撃を二度撃退した。しかし、今や三河は「織田 vs.今川」の戦場と化してしまった。いつまた織田軍の攻撃を受けるかわからない。「草刈り場」と化した三河。しかも**広忠は二十四歳の若さで病死し（家臣に殺害されたという説もあり）**、岡崎城は今川氏に接収されてしまった……どうする、竹千代!? と言いたいところだが、幼い竹千代にはどうすることもできない。

梅檀《せんだん》は双葉より芳《かんば》し……六歳にして大物の片鱗！

竹千代を強奪した織田信秀は、「殺したければ殺せ」という広忠の今川に対する忠義の言葉を聞いて、「敵ながらあっぱれ！ 広忠は良将なり」と感嘆した。そこで竹千代を殺さず、織田家の菩提寺《ぼだいじ》である萬松寺《ばんしょうじ》（名古屋市中区）に預けることにした。

幼くして織田信秀のもとで人質となった竹千代を不憫《ふびん》に思った熱田《あつた》神宮の神官が、竹千代を慰《なぐさ》めようと「黒鶫《くろつぐみ》」という鳥を差し上げたことがあった。この鳥は、よく他の鳥の鳴き声を真似する鳥で、竹千代の近侍《きんじ》たちは面白がって可愛がった。

ところが竹千代は、「珍しい鳥をくださったお気持ちは嬉しいのですが、思うところがあるのでお返しいたします」と言って、神官に黒鶫を返してしまった。

近侍がその訳を尋ねると、竹千代はこう言った。

「黒鶫という鳥は、自分の声が他より劣っているから、他の鳥の声を真似て自分の無能さを覆《おお》い隠しているのです。外見だけを飾って真の能力がない者は、鳥獣といえども大将の慰みには十分ではありません」

まだ物心もつかない六歳、しかも人質の身で堂々とこう言い放つ度胸。**将来恐るべし!!** これを聞いた近侍たちは、竹千代が行く末どれほど賢明な主《あるじ》になるのかと、大いに感心したという。

のちに**秀吉《ひでよし》が家康を評して「将に将たる器量を具《そな》えている」**と褒《ほ》めたその片鱗《へんりん》が、すでに六歳の家康に見て取れる（少し盛ってるでござる）。

他にも竹千代が神童ぶりを発揮した話は、『徳川実紀』にも『三河物語』にもてんこ盛りだが、それは省略させていただく。一方、新年の挨拶《あいさつ》で立ちションしたとか、畏《おそ》れ多くも神社の境内《けいだい》で鷹《たか》狩りをやりかけたとか、そんな暴れん坊な話も伝わっている竹千代こと家康だったりする……。

コラム

家康の実母「於大の方」の生涯

家康の祖父清康は武勇に優れ、岡崎を征服して三河を支配下に置いた。隣国の水野忠政《ただまさ》を破った時、清康は忠政の妻**華陽院《けよういん》（於富の方）の美しさに目をつけ、無理やり奪い取った。**華陽院は忠政との間に三男一女を生んでいて、その一女が家康の母於大の方だった。その於大の方と家康の父広忠とが政略結婚することになるわけだが、松平家と水野家とは長年敵対してきた関係なので、周りの反対も多かった。

しかし、それを乗り越えて於大の方は岡崎の松平家に輿入《こしい》れし、実母華陽院と再会を果たして喜び合ったのじゃ。

広忠が病弱だったので身体の丈夫な男児が授かるよう、於大の方は鳳来寺《ほうらいじ》（愛知県新城《しんしろ》市）の薬師《やくし》如来《にょらい》に願掛けをしたところ、**薬師如来を守護する十二神将《じゅうにしんしょう》の一尊がお腹に飛び込む夢を見た。**

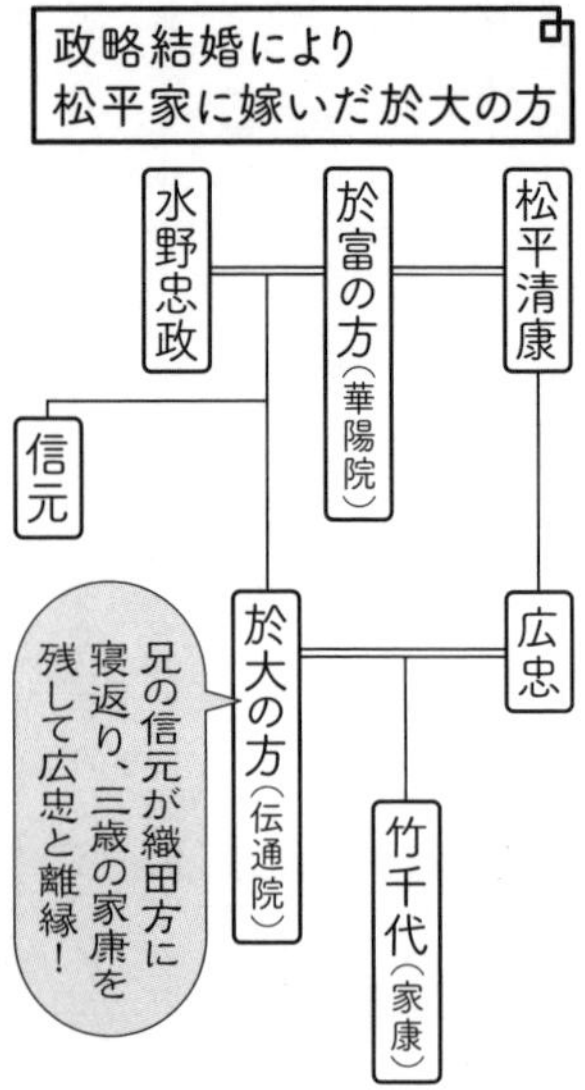

そこで再び鳳来寺に行ってみると、十二神将のうち真達羅大《しんだらだい》将《しょう》だけが消えていた。やがて於大の方は懐妊し、無事に元気な男児竹千代を産んだ。

「竹千代様は真達羅大将の生まれ変わりじゃ」

という噂が家臣たちの間に広まった（なお、家康が七十五歳で薨《こう》ずると、真達羅大将像はもとの場所に戻っていたという）。

しかし、水野家と松平家とは前述したように袂《たもと》を分かつことになり、於大の方は竹千代が三歳の時に広忠から離縁され、泣く泣く水野家に戻ることになった。

その帰り道のこと、於大の方は輿《こし》に乗って送ってもらっていたが、途中で突然、輿から降り、松平の家臣たちに向かって、

「わが兄は極めて短気な人です。水野に着けば離縁された私を送ってきたあなたたちを逆恨みして切り捨てるでしょう。そうなると両家にしこりが残り、竹千代も立場が悪くなります。だから速《すみ》やかにここで私を捨てて帰りなさい」

と言った。事実、水野家の家臣たちが待ち伏せしていた。於大の方の機転で松平の家臣たちは危機一髪のところで難を逃れることができた。さすが家康公の母上じゃ。

その後、於大の方は尾張坂部《さかべ》城（現・愛知県知多郡阿久比《あぐい》町《ちょう》）城主の久松俊勝《ひさまつとしかつ》に再嫁し三男二女をもうけたが、竹千代とは絶えず連絡を取り続けた。**人質時代の竹千代は、母からの手紙と心のこもった贈り物をとても楽しみにしていた。**

やがて桶狭間《おけはざま》の戦い（39ページ参照）ののち、今川氏から自立した家康は嬉々として母於大の方を迎え入れた。そして於大の方の夫俊勝と三人の息子に松平姓を与えて家臣とした。俊勝と三人の息子たちは、於大の方のおかげでウハウハじゃのう。

関ヶ原《せきがはら》の戦いで家康が勝利したのを見届けた於大の方は、一六〇二年、七十五歳で亡くなった。合掌。

人質生活で刷り込まれた「堪忍」の精神

一五四九年に竹千代の父広忠が死んだ時、竹千代はまだ八歳。織田の人質であったため、父親の死に目に会うこともできなかった。父の死から八カ月後に今川軍が織田軍に大勝し、信長の兄である信広《のぶひろ》を捕虜とした。そこで竹千代と信広の人質交換という形で、当初の予定通り、竹千代は今川家の人質となった。

この織田家・今川家での十数年に及ぶ人質時代は、家康にとって長き「臥薪嘗胆《がしんしょうたん》」の時代であると同時に、天下人《てんかびと》になる資質を育てる重要な期間でもあった。

まず「**堪忍**《かんにん》」**の精神を学んだ**こと。そして織田家の人質時代に、**若き織田信長**《のぶなが》**に出会っている可能性がある**ことだ。

「蝮」の道三、「うつけ」信長の才を見抜く

その信長だが、父信秀の葬儀において、その場にふさわしくない派手な姿で現れ、焼香の際に位牌《いはい》に向かって抹香《まっこう》を投げつけるなど奇行が目立ち、周りから「うつけもの」（愚か者）と呼ばれていた。

その信長が「うつけ」ではないと見抜いたのが、美濃《みの》（岐阜県南部）の**斎藤道三《さいとうどうさん》**だった。

斎藤道三は、油売り商人から下剋上《げこくじょう》によってのし上がってきた戦国大名だ。武士として取り立ててくれた主人を殺害して小守護代《こしゅごだい》となり、続いて土岐頼芸《ときよりのり》を追放して美濃を手中に収めた。

下剋上の世とはいえ、その強引なやり口から、**人々は道三のことを「蝮《まむし》」と呼んで恐れた。**

美濃の隣国の尾張で勢力を伸ばしていた信秀が亡くなったあと、十八歳の信長があとを継ぐことになった。道三はこれをチャンスと見て、織田氏を取り込むために娘の

濃姫《のうひめ》を信長に嫁がせた。ちなみに濃姫は絶世の美女だったという（ちょっと信長がうらやましいのう）。

道三が信長と初めて会見した際、信長は腰に縄を巻いて瓢簞《ひょうたん》を数個ぶら下げてやって来た。初顔合わせが終わった帰り道、道三の家臣が「噂通り信長は『うつけ者』でしたな」と嘲《あざけ》ったのに対し、道三は次のように言ったと『信長公記《しんちょうこうき》』に記されている。

「山城が子共《こども》、たわけが門外に馬を繋《つな》ぐべき事、案の内にて候《そうろう》」

訳 わしの子どもたちは、たわけ者信長の下に付いてご機嫌を窺《うかが》うことになるだろう。

「一流は一流を知る」とはこのことだ。さすが「蝮」と呼ばれただけのことはある。信長は「うつけ」どころか、戦国時代を終わらせたであろう本物の「天才」だった。竹千代時代の家康が信長に出会っていた確証はないが、のちの二人の関係性を考えると、**八歳年上の信長は、家康にとって兄のように尊敬でき、慕《した》うべき存在だったと、**彦左には思われるのじゃ。

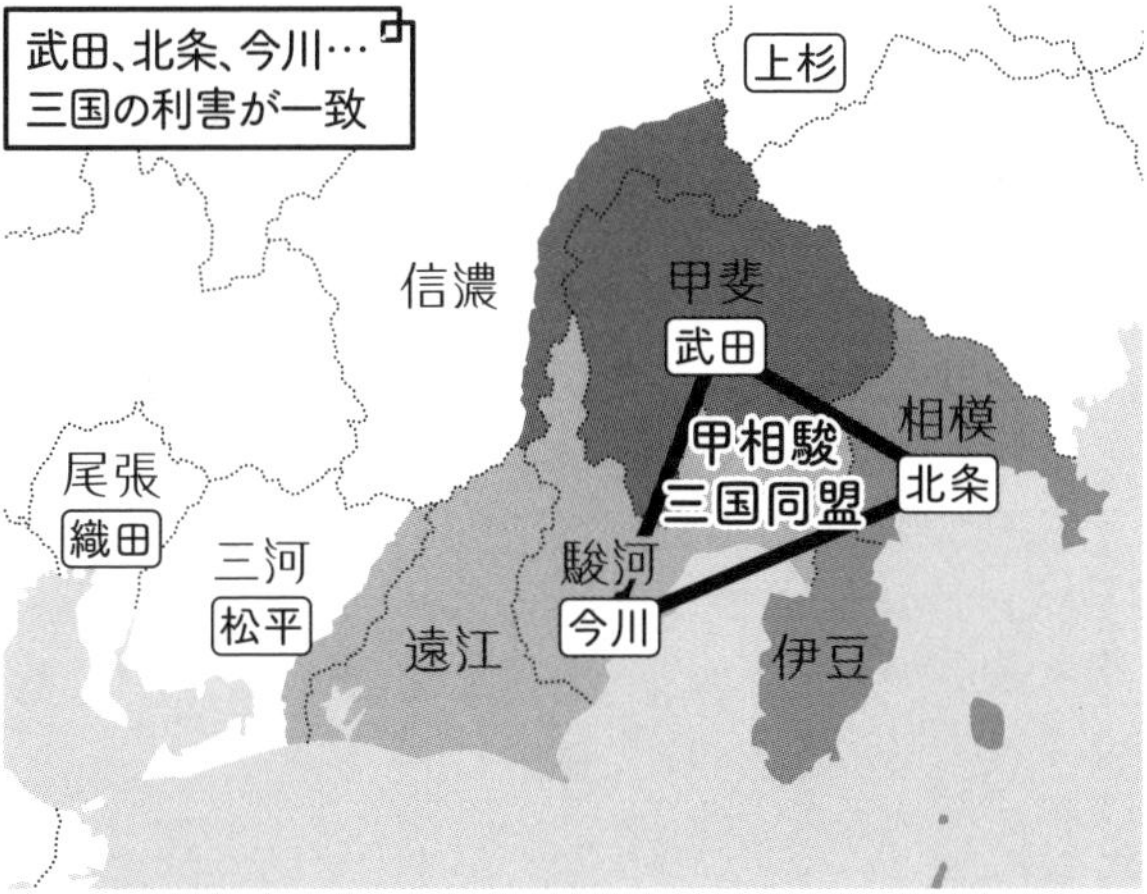

「甲相駿三国同盟」で戦乱の世が大きく動く！

竹千代が今川の人質となっている間に、戦乱の世は大きく動く。

今川義元が三河から尾張へと西に向かって勢力を拡大しはじめるにあたって、東の北条氏と北の武田氏と友好関係を結んだ（南は海なので大丈夫!!）。

それは**「甲相駿《こうそうすん》三国同盟」**と呼ばれるもので、甲斐《かい》（山梨県）の武田信玄《しんげん》、相模《さがみ》（神奈川県）の北条氏康《うじやす》、駿河の今川義元の合意によって一五五四年に結ばれた。

三者の思惑《おもわく》は次のようなものだった。

・**武田信玄**……甲斐を統一後、信濃《しなの》（長野県）へ侵攻したい信玄は、越後《えちご》（新潟県）の上杉景虎《うえすぎかげとら》（のちの謙信《けんしん》）との抗争に手を焼いており、これに専念する必要があった。

・**北条氏康**……関東地方の統一を目指していた氏康は、関東のさまざまな勢力との戦いに備えて、武田氏や今川氏を味方にしておきたかった。

・**今川義元**……尾張の織田氏との衝突があり、義元としては武田氏や北条氏を敵に回すことはなんとしても避けたかった。

こうして三国の利害が一致したことで、この同盟が結ばれた。西へと勢力を拡大するチャンスを得た義元は、まだ若き信長が十分な力をつける前に叩き潰しておきたかった。

その頃、われらが竹千代はまだ今川氏のもとで人質生活を送っていたが、一五五五年三月に十四歳で元服し、今川義元から「元」の一字を「偏諱《へんき》(※)」として与えられて「元信《もとのぶ》」と名乗った。

その後、一五五七年に十六歳で**義元と血のつながりのある築山殿《つきやまどの》(瀬名姫《せなひめ》)と結婚**し、さらに祖父松平清康からも一文字をもらい**「元康《もとやす》」**と名を改めた。

※漢字二文字の名前のうち「通字(*)」ではないほうの字のこと。主従関係の証《あかし》などとして、主君から家臣に一文字与えることが行われた。いただいた字を名前の上につけるのが基本。

＊家に代々継承された特定の文字を名前に入れる習慣があった。その家の正統な後継者、または一族の一員であることを明示する意図があった。徳川氏(松平氏)は家康以降、「家」「康」「忠」などが通字となった。

大番狂わせの「桶狭間の戦い」——その時、家康は？

19歳の若武者元康
大高城への兵糧入れ
成功!!
お届け～
エーーーーーッ!?
義元様が信長に～!?
ガーン
でも、これって
チャンスかも…
この機を逃さずに
人質生活
勝手に終了～♫
我が岡崎城が
空っぽだ？
よ～し…今だっ！
やったネ!!
悲願の岡崎城に再入城!!

一五六〇年、今川義元が織田信長を倒して尾張を併合するために、西へと侵攻を開始した。**「東海の覇者」である義元**としては、信長さえ倒せば、その次は上洛《じょうらく》して京を制圧し、朝廷や室町幕府の威光《いこう》を利用しながら、全国の大名の頂点に立つことができる……働き盛り、四十二歳の義元にとって、ここは天下取りのチャンスだ。

尾張の織田氏とは何度も激しい攻防を繰り広げたが、勝敗はつかないままだった。しかし、「甲相駿三国同盟」を結んだ今、織田氏を倒して上洛する条件は揃った。しかも相手は「うつけ」の信長。**「今なら勝てる」――義元はそう思った**に違いない。

野戦《やせん》（陸上戦）の常識としては兵の数が多いほうが有利とされ、駿河・遠江・三河の三国に及ぶ今川氏の勢力は強大で、軍勢は二万五千（一説には四万とも）を誇った。それに対して織田勢はわずか三千にすぎないのだから、負けるはずはない。

一方、信長の置かれていた状況は絶望的だ。唯一の頼みだった舅の斎藤道三は息子の義龍《よしたつ》と対立して敗死し、もはや誰も助けに来てくれない。若き信長はまさに孤立無援の状況に置かれていた。

ところがこの**絶体絶命の状況において、信長は軍議でも雑談しかしなかった。**『信長公記』によれば、織田の重臣たちが、「運の末には、知恵の鏡も曇《くも》る」と呆《あき》れる始末だった。味方からも見放された信長、さあ、どうする!?
しかし、信長は期するところがあったのだ。

信長の奇襲! 「東海の覇者」今川義元のあっけない最期

「桶狭間の戦い」の日の早朝、信長は幸若舞《こうわかまい》(※)の演目の一つ『敦盛《あつもり》』を舞った。

人間《じんかん》五十年、下天《げてん》のうちをくらぶれば、夢幻《ゆめまぼろし》のごとくなり。一度《ひとたび》生《しょう》を得て、滅せぬ者のあるべきか。

信長は重臣たちには何も言わず、わずかな手勢を率いて出陣した。途中、熱田神宮に立ち寄って戦勝祈願を行っている。しかし、神頼みで勝てるほど甘くない。勝利の確率はほぼゼロに等しかった……そう思った時、神のご加護があった。

※室町時代に流行した「曲舞《くせまい》」の一種。簡単な舞を伴う語り物。

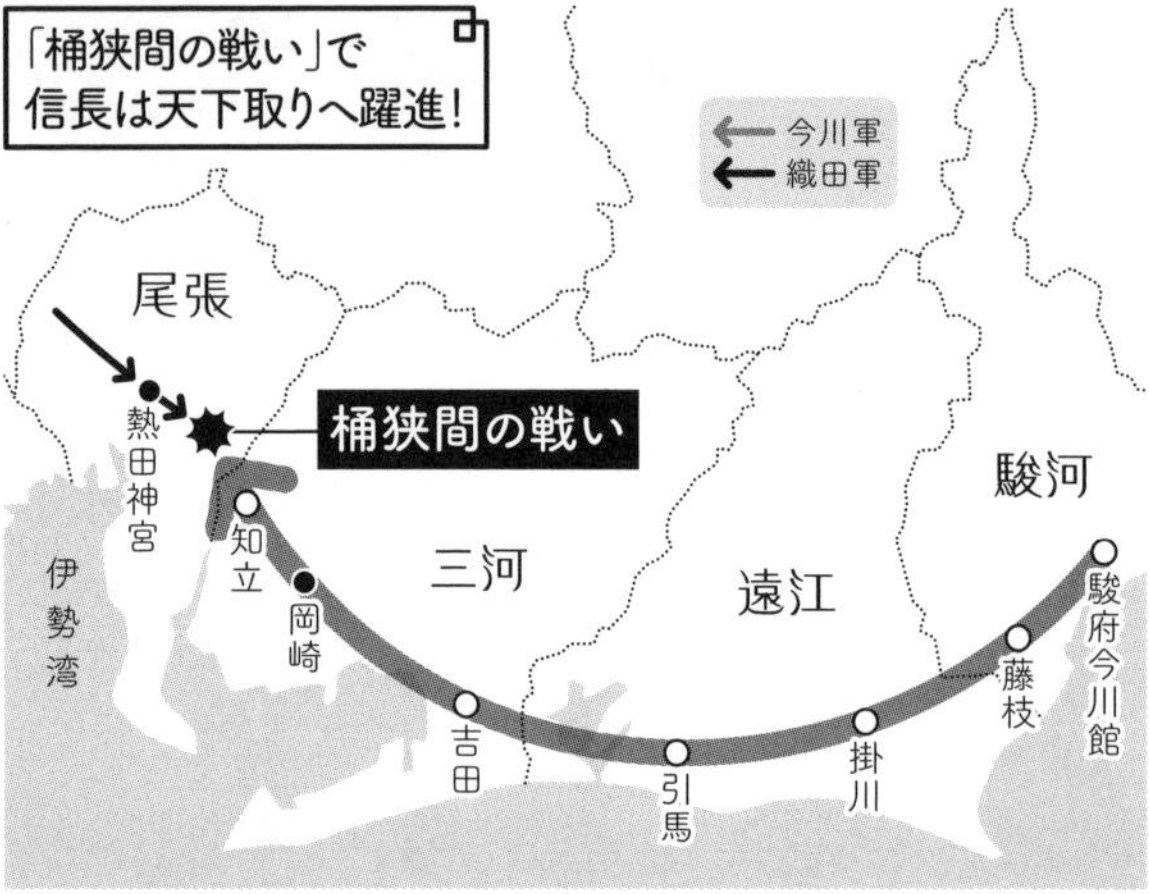

一五六〇年五月十九日午後、桶狭間が暴風雨に見舞われる。

視界を遮《さえぎ》るゲリラ豪雨の中、密《ひそ》かに兵を桶狭間へと進めた信長は、風雨が止んだ一瞬の機を捉《とら》えて、今川勢の正面から攻撃を仕掛けた。

「天運は我が軍にあり!!」

目指すは、本陣にいる義元の首級《くび》のみ。

この状況下で信長の選んだ戦い方は、まさに「乾坤一擲《けんこんいってき》」、義元を討ち取ることにすべてを賭けることだった。重臣にすらその作戦を明かさなかったのは、内通者がいれば取り返しがつかなくなるという読みからだった。信長の真意を理解した二千の精鋭部隊は、**ただ義元を目がけて正面から今川軍に向かって突撃**していった。若き天才信長は、義元の本陣の位置をあらかじめ探らせて把握《はあく》していたのだ。

信長の部隊は、義元に付き従っていたエリート親衛隊である馬廻衆《うままわり》を蹴散らし、蜂の一刺し、ついに**毛利《もうり》新介《しんすけ》（良勝《よしかつ》）が義元の首を取った**。この時、義元は「ただでは死なぬ」とばかり、新介の指を噛みちぎったが、時すでに遅し。

総大将を討ち取られた今川軍は混乱し、総崩れとなった。命あっての物種とばかりに、我先にと逃げていく今川軍は、もはや統率が取れない状況に陥った。逃げ惑う今川軍に対して織田軍の精鋭部隊は容赦なく襲いかかり、わずか二時間余りの間に三千人余りを討ち取った。

完勝である。

桶狭間の戦いでの勝利は、信長の大金星であると同時に、歴史がここから大きく転換していく重要な分岐点でもあった。

今川方として参戦！　家康の「大高城兵糧入れ」

桶狭間の戦いの時、われらが家康はまだ元康と名乗っていた時代で、人質にされていた今川方として参戦した。元康はこの行軍の最中、三歳の時に生き別れた母於大の方に会うため、密かに再嫁先である尾張の久松俊勝の館を訪ねた。そして「いずれ独立して必ずお母さまを迎え入れてみせます」と誓った。

人質という弱い立場ゆえか、あるいは義元に期待されてか、**まだ十九歳にすぎなかった元康は、重要な先鋒《せんぽう》を任された。**そこに今川方の大高《おおたか》城（現・名古屋市緑区）からＳＯＳが送られてきた。城中の兵糧《ひょうろう》が足りないというのだ。

義元は兵糧の補給を元康に命じた。しかし、大高城は織田陣営に深く入り込んだ今川方最前線の拠点で、兵糧を運び込むには織田軍の包囲網を突破する必要があった。酒井《さかい》忠次《ただつぐ》や石川数正《いしかわかずまさ》などの重臣が「無理です、危険すぎます」と引き留めるのを尻目に、元康は食糧などを積んだ馬と、それを護る兵を率いて深夜に出陣した。

元康は大高城から少し離れた敵の砦《とりで》をわざと攻めた。それを知った織田軍がその砦に兵を向けたその時、「今だ」とばかり元康は取って返し、手薄になった織田軍の護りを突破して**大高城への兵糧入れに成功するという大手柄を立てた。**

織田軍は途中で気づいて引き返したが、すでに兵糧入れは完了していた。地団駄《じだんだ》を踏んでも後の祭り、「大高城兵糧入れ」は元康の画期的な戦略的勝利として語り種《ぐさ》となった。さすがわれらが元康殿じゃ!!

「厭離穢土　欣求浄土」の八文字の旗印のいわれ

大高城への兵糧入れを見事に成功させた元康は、続いて丸根《まるね》砦（現・名古屋市緑区）を攻め落とし、義元を喜ばせた。ここで元康は先陣から外され、大高城の守備を命じられた。

元康は城でしばらく休息を取り、義元本隊が凱旋《がいせん》してくるのを信じて待っていた。ところが、義元本隊は一向に戻ってこない。それもそのはず、義元は信長の攻撃によって討ち死にしていたのだ。

「まさか義元様が、信長ごときにやられるとは!!」……今川軍は瞬《また》く間に総崩れとな

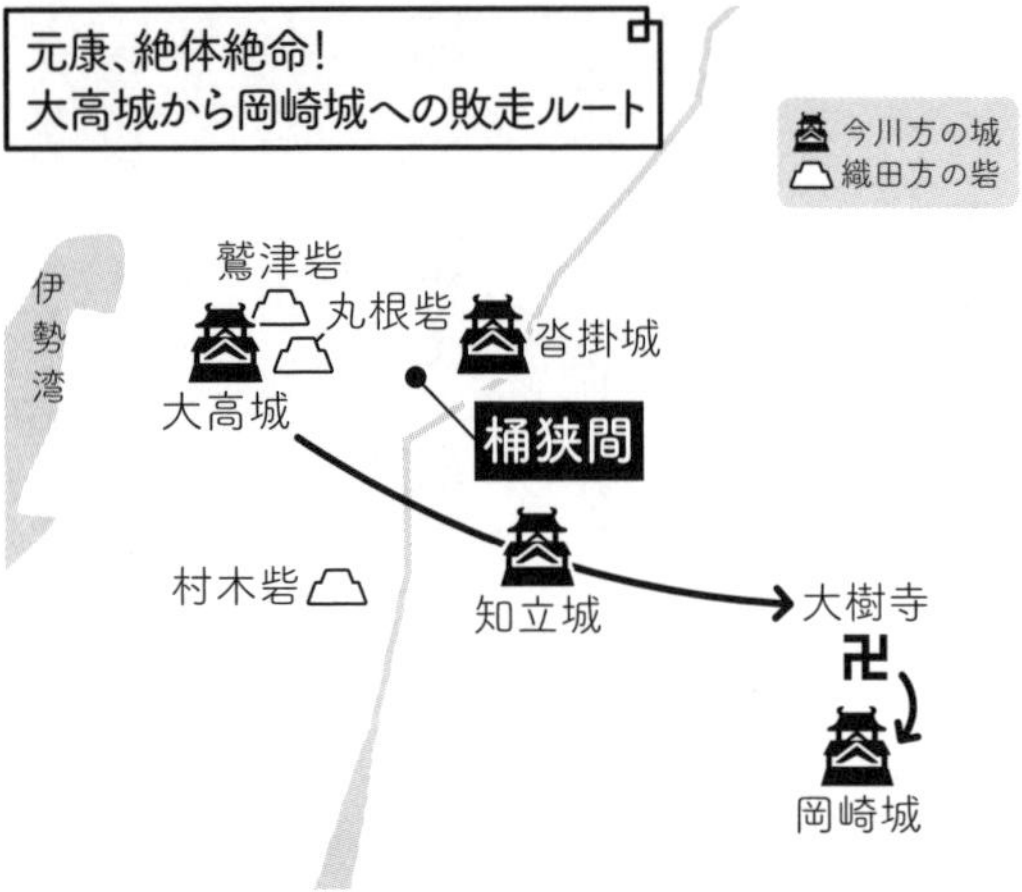

り、元康も敗走するしかなかった。襲い掛かってくる織田軍の追手《おって》を振り切り、故郷岡崎の菩提寺である大樹寺《だいじゅじ》に逃げ込んだ。

絶体絶命のピンチ、どうする元康!?

門の外を敵軍が取り囲み、気勢をあげる声を聞いた元康は「もはやこれまで」と観念し、**松平家の墓前で自害しようとした。**ところが、寺から出てきた登誉上人《とうよしょうにん》が、「松平家は『天下泰平』の世を創ろうとしてきたはずじゃ。その想いをあなたはここで断ち切るおつもりか?」と諫《いさ》め、

厭離穢土《おんりえど》　欣求浄土《ごんぐじょうど》

の教えを説いた。

天下泰平への想いが込められた
「厭離穢土　欣求浄土」の旗印

「厭離穢土　欣求浄土」とは、「穢《けが》れた現世を厭《いと》い離れたいと願い、平和な極楽浄土を欣《よろこ》んで乞い求める」という意味だ。

上人のその言葉を聞いて我に返った元康は、一度死んだつもりになって墓前に大願成就《じょうじゅ》を誓った。

そして、それからの戦《いくさ》においては、**「厭離穢土　欣求浄土」の八文字の旗印を掲げ、「天下泰平」と記した軍配を揮《ふる》うようになったのだった。**

悲願成就！　岡崎城入城で「人質生活」にピリオド

元康の生まれた岡崎城には今川勢が陣取っていたが、桶狭間の戦いの結果を知らされて浮足立ってしまい、みな退散してしまった。これを知った元康は、

「捨て城ならば拾《ひろ》はん」

と言って岡崎入城に踏み切った。ここにおいて元康の十数年間の人質生活は終わりを告げ、**ついに今川氏からの独立を果たした。**それは、古くからの三河の家臣たちにとっても悲願成就《じょうじゅ》の瞬間だった。まさに感無量、みな感涙《かんるい》にむせんだのじゃ。

三河に残っていた元康の家臣たちは、今川氏に所領の大半を取り上げられ、百姓をしながら粗衣粗食に耐えるという、いわば地べたを這《は》いずるような生活をしていた。そして、いざ戦となると先陣や激戦地に回され、多くの犠牲者を出していたのだ。

竹千代が今川氏の人質となっていた間、岡崎城を護っていたのは**鳥居忠吉**《とりいただよし》だった。忠吉は竹千代の祖父清康の時代から仕えた「岡崎譜代《ふだい》」と呼ばれる家臣だった。岡崎城は今川氏の管理下に置かれ、収穫の大半が奪われてしまう中、忠吉は今川氏の目を盗み、将来に備えて質素倹約に励んで金銀食糧を貯め込んだ。

苦節十数年、竹千代こと元康が岡崎城に戻ってきた時、忠吉は心血を注いで蓄えていた財を見せ、涙を浮かべながら言った。

「お戻りになった時、いつでもご出馬できますよう備えてまいりました。余命いくばくもない身ながら、再び御尊顔を拝し奉《たてまつ》ることができ、これ以上の幸せはありません」

元康は忠吉の忠義心に感動し、厚くねぎらって感謝したという。忠吉は忠誠心溢《あふ》れる「三河武士の鑑《かがみ》」と称された。また息子の忠広《ただひろ》と元忠《もとただ》も徳川十六神将に選ばれる活躍をしている（172ページ参照）。

コラム

今川義元は本当にお公家かぶれのバカ殿だったのか⁉

今川義元といえば、「東海の大大名」「海道一の弓取り」(※)と呼ばれ、今川氏の黄金時代を築いた戦上手というプラスの評価がある反面、**顔に白粉《おしろい》、歯にはお歯黒というお公家《くげ》メイク**をし、貴族文化に憧れを抱いていた公家かぶれの軟弱武士、というマイナスの評価もある。

事実、桶狭間の戦いでは馬ではなく輿に乗って戦場へ向かい（足が短くて馬に乗れなかったという説あり）、途中途中で休憩を取りながら進軍している。そして、地の利がなく襲われやすい谷間に陣幕を張り、のんびり昼食の準備をしていたところを討たれたのだから「愚将」を通り越して、もはや救いようのないバカ殿様……。

いやいや、ここまで悪く言われるほど実際はひどい武将ではなかったのだが、大軍を率いていることの気の緩みや、「うつけ」と呼ばれた信長を舐《な》めてかかっていたのは事実だろう。また、母が公家出身だったこともあって、和歌や蹴鞠《けまり》をよくするなど貴族の文化に親しんでいたのも事実。ただ、戦場でのメイクは、実は敵に首を取られた時に見苦しくないように、との武士のたしなみの一つではあったのだが……。

ここは**負けた義元を貶《おとし》めるよりも、勝った信長を褒めるべき**だろう。

歴史に「もしも」は禁物だが、この桶狭間の戦いで織田信長が負け、今川義元が勝利していたなら、その後の日本の歴史の展開は大いに違ったものになっていたことだけは確かだろう。

※「海道」は東海道のことを指し、「弓取り」は弓矢で戦う武士から転じて国持ち大名を指す。東海道を平定した大名としては、初代が今川義元、二代目が徳川家康となる。

清洲同盟！　今川を見限り信長とタッグ！

桶狭間の戦いののち、元康は今川義元の息子氏真《うじざね》に父の仇《かたき》を討つよう促《うなが》したが、氏真は愚かで気が弱く、酒色に耽《ふけ》るようなつまらない男だった。その様子を見た元康は、自分の多くの家臣たちを今川家のために討ち死にさせてしまったことを悔いた。

「氏真はいずれ国を滅ぼすだろう」

今川氏の滅亡は近いと見た元康は、氏真を見限った。そして、三河を平定するため、今川配下の城を次々に攻め落とした。

……とまあ、義元に引き続き、息子の氏真のことまで『徳川実紀』で貶めているのは、**元康が今川氏のもとで長い人質生活を送った「黒歴史」があるから**だろう。家康を神君と仰ぐ立場からすると、今川氏を悪者に仕立てるのは致し方ないところだが、ここはいくぶん割り引いて考える必要がある。

今川氏のもとで人質生活を送っていた竹千代（元康）は、たしかに精神的には辛く苦しい生活だった面もあるが、**義元は竹千代を長く手元に置くうちに情を移し、またその才能を見抜いてかなり優遇していた**と言っていい。

衣食住が事足りていたのはもちろん、竹千代の祖母華陽院が養育にあたり、書道や礼儀作法を教え、さらに義元の軍師であり僧侶の太原雪斎《たいげんせっさい》から軍略のなんたるかまで教えられている。

しかし、いくら恩義ある今川氏とはいっても、義元亡きあと、息子の氏真は凡才にすぎない。今川氏を見限った元康は、「天下布武」を標榜《ひょうぼう》する信長と力を合わせて天下を統一することを決意し、信長と同盟を結ぶことにした。信長も元康の実力を高く評価し、同盟に応じた。ここに個性の異なる若き天才と天才の絆が生まれた。

一五六二年、尾張の清洲《きよす》城（現・愛知県清須市）で信長と元康は**「清洲同盟」**を結んだ。この同盟は一五八二年の本能寺の変によって信長が自害するまで続いた。「昨日の味方は今日の敵」ともいえる戦国時代において、清洲同盟が長い間守られたのは奇跡に近いことだった。

元康が織田家の人質になっていた少年時代に、おそらく八歳年上の信長と出会い、兄弟のような信頼関係を築いていたことに加えて、信長の激しい性格をよく見抜いて、常に下手《したて》に出て忠義を尽くし続けたことが大きい。人質時代に辛酸《しんさん》を嘗《な》めた元康は、若くして**「堪忍は無事《ぶじ》長久《ちょうきゅう》の基《もとい》」**という極意を体得していたといえるじゃろう。

将来の天下取りも視野に改名！「徳川家康」の誕生

元康は今川氏から自立した証《あかし》として、義元から与えられた「元」の字を捨てて「家康」と名を改め、完全に今川との縁を切った。さらに三河を統一すると、姓を「松平」から「徳川」に改めた。

「徳川」という姓は源氏の一門とされるもので、将来の天下取りのためにここで**系図をでっちあげた**ともいえる。家康は鎌倉幕府の準正史『吾妻鏡《あずまかがみ》』を愛読しており、その記述から、**征夷大将軍は由緒正しき清和《せいわ》源氏（清和天皇へとつながる家系）の系統でなければ朝廷が認めない**と知っていた。そこで家康は「新田《にった》源氏」であると自称した。

しかし、「姓」は勝手に変えられるものでない。ちゃんと朝廷の許可がいるのだ（朝廷って今もエライのじゃ）。家康からの申請を受けた朝廷では、出自を示す明確な証拠がなかったので許可を出すかどうかで議論伯仲《はくちゅう》した。

結果としては、三河を手中に収めていた家康の実績を認めて改姓を許可し、従五位《じゅごいの》下《げ》三河守《みかわのかみ》として叙任《じょにん》したが、これは破格の扱いだった。

一五六六年、「徳川家康」の誕生。二十五歳の時だった。

なお、『徳川実紀』の総括役を務めた林述斎《はやしじゅつさい》は、『朝野旧聞裒藁《ちょうやきゅうぶんほうこう》』という史料も編纂しているが、これは完全に「徳川氏」の系図をでっちあげ、かつ家康礼賛本《らいさん》だ。この史料には、徳川氏の祖とされる源《みなもとの》（新田）義重《よししげ》から家康の死に至るまでの事蹟《じせき》が記されているが、全千九十三巻中、家康だけで千五十一巻を費やしているのだから、いくらなんでもヨイショしすぎかのう。

家臣にも門徒が！「三河一向一揆」をどう収めたか？

今川氏からの独立を果たした家康だったが、三河統一のために最初に直面した危機は国内の一向一揆《いっこういっき》だった。

進者往生極楽　退者無間地獄

「進まば往生極楽《おうじょうごくらく》、退《の》かば無間地獄《むけんじごく》」――こう墨書《ぼくしょ》された筵旗《むしろばた》を掲げる一向宗の農民集団の一揆が各地で頻発していた。一向宗は正式には浄土真宗《じょうどしんしゅう》のことだが、**一向（ひたすら）に「南無阿弥陀仏《なむあみだぶつ》」と称《とな》え続けたことから「一向宗」**と呼ばれるようになった。「南無阿弥陀仏」と称えるだけで、死後ただちに極楽浄土に行けるという教えを信じた一向一揆衆には、死を恐れない力強さがあった。

なかでも加賀《かが》（石川県）で蜂起《ほうき》した一向一揆は有名だ。

十五世紀後半に**蓮如《れんにょ》**指導のもとで起きた一向一揆は、二十万もの門徒によって加賀国の守護を打倒し、「百姓の持ちたる国」と称される門徒領国を成立させ、約百年に及ぶ自治を続けた。

天下統一を狙う信長も、この一向一揆には手を焼いた。

伊勢《いせ》長島（現・三重県桑名《くわな》市）の一向一揆で、**信長は城に立て籠《こ》もった門徒衆二万を、城の周囲から柵で包囲し、焼き討ちで全滅させている**……残酷に思えるかもしれないが、これくらいやらなければ一向一揆は収まらなかったのだ。

家康が三河を統一しようとしていた時も、一向宗の勢力は侮《あなど》れないものがあった。

家康は加賀の二の舞になることを恐れてその勢力を削《そ》ぐ政策を取ったが、実は**家臣の三分の一近くが一向宗の門徒だった**ことから、大きな抵抗を受けることになった。

家臣たちも信仰に殉《じゅん》じるか、主君への忠誠を尽くすのか、岐路に立たされた。徳川十六神将にも数えられた蜂屋《はちや》貞次《さだつぐ》（半之丞《はんのじょう》。173ページ参照）は一揆側に立って戦い、ひと働きを終えて帰ろうとしていた時、

「**蜂屋め、わしと戦え!!**」

と言う声がするので振り返ると、その声の主は家康であった。さすがに主君に槍《やり》を向けるわけにいかず、顔を伏せて一目散に逃げだしたという。

また、前夜まで家康に仕えていた家臣が一揆側に加わり、先陣を切って攻めてきたこともあった。他にも「槍半蔵」と呼ばれた槍の名人で、これまた徳川十六神将にも数えられた渡辺守綱《わたなべもりつな》（174ページ参照）が一揆側に付き、家康に槍を向けている。

身内同士の戦いは、家康にとっても辛いものだった。

しかし、**戦いが長期化するにつれ、家康に背《そむ》いていた家臣たちが投降しはじめ、家**

家康の三大危難の一つである「三河一向一揆」。
家康自身も銃弾二発を受けるほどの苛烈な危機に直面した

康はその帰参を許した。やがて、一揆の首謀者から和睦《わぼく》の申し入れがあった。条件として、首謀者の命を助け、寺もそのままの地位を保障してほしいというものだった。

それを聞いた家康は、さすがに首謀者は処分せざるを得ないと強気に出ていたが、周りのとりなしもあってすべてを赦免《しゃめん》する寛大な措置を取った。

「タヌキ親父」の片鱗が現れはじめる

さすが家康、心が広い……と言いたいところだが、**家康はそんなに甘くない。**一度赦したフリをして一揆を収めさえすればこっちのもの。

やがて家康の力が上回ってくると、家臣で一揆に加わった者は罰を科されていく。ある者は島流し、ある者はお家断絶、ある者は財産を没収されて落ちぶれていき死亡。さらに、寺も次々に破却《はきやく》。

あまりにひどいやり方に、門徒たちが、「家康様は、すべてご赦免《しやめん》くださり、以前のままの地位を保障してくださるという起請文《きしようもん》を書かれたではないですか」と詰め寄ると、

「以前のままといえば、寺のあるところは元来野原であったのだから、それ、**その通り、野原に戻すだけである**」

と、にべもない返事（詭弁《きべん》中の詭弁!!）をし、寺の破却を強行した。

この時、家康はまだ二十代。年を取ってから権謀術数《けんぼうじゆつすう》を駆使して**「タヌキ親父」と呼ばれる、その片鱗が垣間見える**《かいま》というものじゃ。また、ここで家康は、宗教というものの恐ろしさを、骨の髄まで感じ取ったというべきじゃろう。

コラム

家康と「源頼朝」

家康は源頼朝《よりとも》のことを尊敬し、なにかにつけて家臣たちに頼朝のことを評論することが多かった。**若い頃からの家康の愛読書は、鎌倉幕府の準正史『吾妻鏡』**だった。

ある時家康が、「頼朝の異母弟にあたる範頼《のりより》と義経《よしつね》は際立った軍功があるのに、頼朝は二人とも殺したことをどう思うか」と家臣に聞いたことがあった。居並ぶ家臣たちは全員、「あまりに情のない厳しい処分だと思います」と答えた。

それに対して家康は、「それは世にいう『判官《ほうがん》びいき』というものだ。天下を治める者は、たとえ親族であろうと非道な行いをする者は見逃してはならぬ。**天下を治める者はそのへんの大名と同じ考え方であってはならない**。それをわきまえず頼朝を非難するのは間違っている」と答えている。

頼朝は「冷酷無情の政治家」と評されることが多いが、家康の見方は違った。「親《しん》疎《そ》の別なく理非をはっきりさせることこそ、天下人の要諦《ようたい》でなければならない」ということを頼朝から学んだのだ。

他にも家康は『吾妻鏡』から多くのことを学んでいた。

秀吉に江戸転封《てんぽう》を命じられた時（165ページ参照）、京から遠く離れることを厭わなかったのは、関東が将来性のある土地であることを知っていたからだ。鎌倉幕府が整備した街道や、水運の拠点となり得る江戸湾の存在など、**家康は関東発展の可能性を見通していた。**

また、源氏が三代で滅びた失敗から、幕府を存続させ、将軍職を徳川家で独占して継続していくために**子どもをたくさん作った。**さらに御三家《ごさんけ》を創設するなどした。

「燕雀安《えんじゃくいずく》んぞ鴻鵠《こうこく》の志《こころざし》を知らんや」という故事名言があるように、小人物が大人物の大志を悟ることはなかなかできないことじゃのう。

2章

「九死に一生を得た」先で、何を悟ったか？

……レジェンド信玄も驚嘆！「三河武士との固い絆」

「姉川の戦い」――
家康は織田信長の采配から何を学んだか？

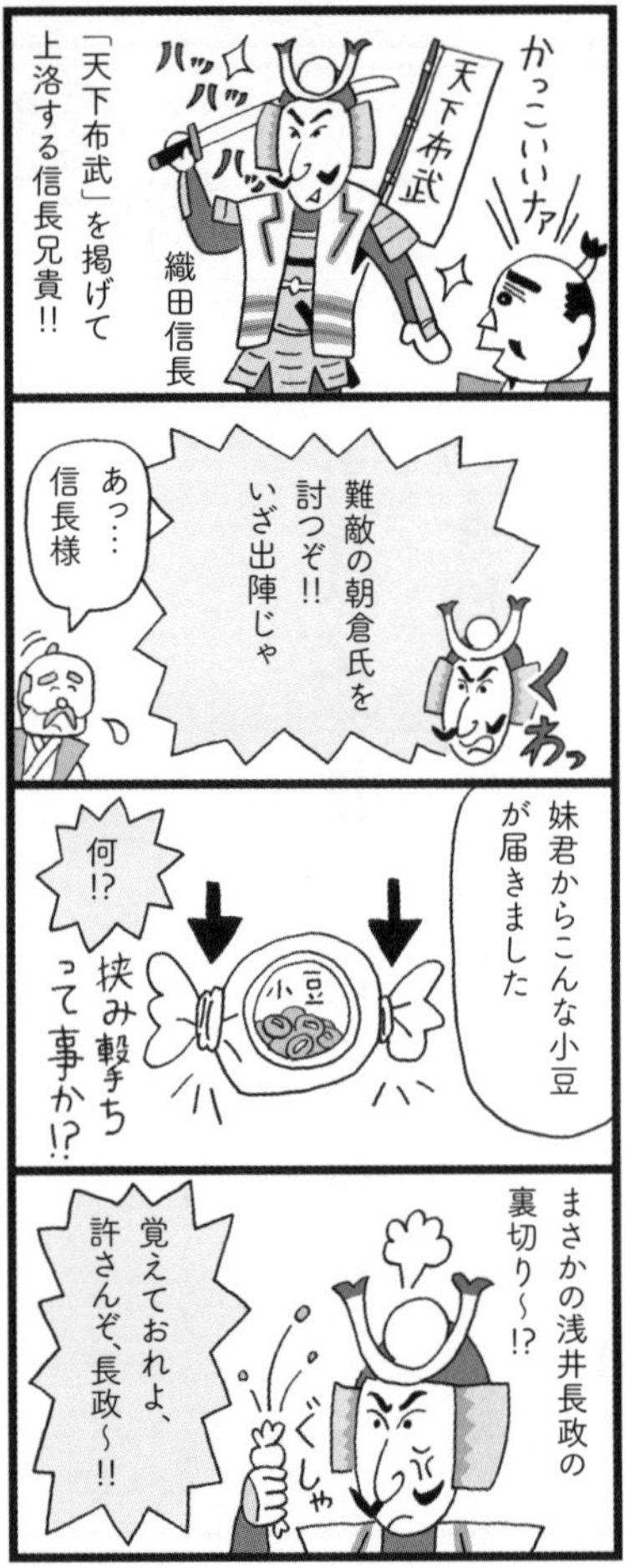

かっこいいナァ
天下布武
ハッ ハッ ハッ
織田信長
「天下布武」を掲げて上洛する信長兄貴!!
難敵の朝倉氏を討つぞ!! いざ出陣じゃ
くわっ
あっ…信長様
妹君からこんな小豆が届きました
小豆
何!?
挟み撃ちって事か!?
まさかの浅井長政の裏切り〜!?
ぐしゃ
覚えておれよ、許さんぞ、長政〜!!

家康が三《み》河《かわ》を統一している間に、八歳年上の信長《のぶなが》は「天下布武」を旗印にして突き進んでいた。また、五歳年上の**木下藤吉郎**《きのしたとうきちろう》（のちの豊臣秀吉《とよとみひでよし》。以下**秀吉**）が信長の家臣として頭角を現していた。この三人の天才武将が、ほぼ同時代に三河と尾《お》張《わり》という隣り合った国に現れたことは、奇跡に近いといえるじゃろう。

　まずは、最年長の信長が天下取りに走る。

　義兄にあたる斎藤義龍《さいとうよしたつ》（38ページ参照）が病死したのをチャンスと見た信長は、一五六六年、軍勢を美《み》濃《の》へと向かわせた。斎藤勢は墨俣《すのまた》（現・岐阜《ぎふ》県大垣市）に兵を配し、両軍は激突した。斎藤勢の善戦で戦線が膠着《こうちゃく》する中、まだぺーぺーだった秀吉が「心配ご無用！　一夜にして城を築いてみせましょう」と豪語し、本当に一夜にして城を築いてしまった。それをきっかけにして織田軍は勝利したという。

　秀吉の立志伝に欠かせないこの**「墨俣一夜城」**は、『絵本太閤記《たいこうき》』などに見られるものだが、あくまで伝説の域を出ない。

　信長は斎藤氏から奪った稲葉《いなば》山《やま》城を岐阜城と改名して居城とした。**「岐阜」という地名は信長がつけた。**古代中国、周の文王《ぶんおう》が「岐《き》山《ざん》」という山から天下統一を始めた故事に倣《なら》ったものだ。また、本格的に天下統一を目指すために、「天下布武」の文字

天下布武の印章

がきざまれた印を用いるようになった。この時、信長三十四歳。

「天下布武」というのは、「天下を武力によって制する」という意味にとられることが多いが、「天下に武を布《し》く」と読み下すと、「天下を武家が治める」と解釈できる。

つまり、公家・武家・寺家《じけ》の三つの権門が並び立っていた中世の時代から脱却し、武家が中心となって全国を治める、という意ともとれる。

この四文字を撰《せん》して信長に進言したのは、沢彦宗恩《たくげんそうおん》という臨済宗《りんざいしゅう》政秀寺《せいしゅうじ》（名古屋市中区）の僧侶といわれている。真の意味は沢彦と信長に聞くしかない。

天下布武！　足利義昭を奉じて信長、ついに上洛

駿河《するが》の今川義元《いまがわよしもと》を討ち取り、道三《どうさん》の孫にあたる斎藤龍興《たつおき》から美濃を奪取した信長を、

もはや「うつけ」と呼ぶ者はいなくなった。「天下布武」を掲げて天下統一を目指す信長は、上洛《じょうらく》を目的として近江《おうみ》（滋賀県）に侵攻を開始した。

信長は、北近江の小谷《おだに》（現・滋賀県長浜市）を治める**浅井長政《あざいながまさ》に十三歳年下の妹、お市《いち》の方を娶《めと》らせて姻戚《いんせき》関係を結んだ。**

お市の方は戦国一の美人、かつ聡明な女性だったと伝えられている。近江侵攻に際してその長政から援軍を得て、有力大名六角《ろっかく》氏を破った。

「天下布武」は着々と進んでいく。

一五六八年、信長は足利義昭《あしかがよしあき》を奉じてついに上洛を果たした。

義昭を次の将軍に就《つ》けて傀儡《かいらい》政権化し、いずれは将軍を廃して信長自らが天下を取るという構想だった。

当時、室町幕府は瓦解《がかい》寸前だった。第十三代将軍になった義昭の兄義輝《よしてる》は、三好《みよし》三人衆らに殺害されてしまった。三好三人衆とは、畿内を領有していた戦国大名の三好長慶《ながよし》の死後に、その政権を支えて活動した三人（三好長逸《ながゆき》・三好宗渭《そうい》・岩成友通《いわなりともみち》）のことを指す。

義輝を殺害した三好三人衆は、次の将軍として義輝の従兄弟《いとこ》にあたる義栄《よしひで》を擁立《ようりつ》して十四代将軍としたが、義昭を奉じて上洛する信長の力に抵抗しきれず相次いで敗退し、ついに三好三人衆の勢力は衰えた。

浅井長政の裏切り——切られた〝報復の火蓋〟

信長に奉じられて上洛した義昭は、第十五代将軍に就任した。

信長は義昭を擁することで、間接的に天下人としての役割を担《にな》う立場に立った。これで全国に号令をかけることができる。「天下布武」は近い——信長はそう思った。

一五七〇年四月、信長は越前《えちぜん》(福井県東北部)の**朝倉義景《あさくらよしかげ》**に対して、新将軍へ挨拶するよう上洛を命じた。

しかし、義景は自分より家格の低い信長の言いなりになる気は毛頭ないので、当然、拒否した。

信長としては、(予想通り)義景が上洛を拒んでくれたので、朝倉氏を攻撃するチャンスを得たとばかりに、自ら軍勢を率いて越前へと遠征した。

越前で次々と勝利を重ねていく信長、いよいよ残るは本拠地のみ。

……ところがその時、**義弟の浅井長政が信長を裏切って朝倉方に加勢し、織田軍を背後から襲おうとしている**という情報が飛び込んできた。信長は信じられなかったが、そこに長政に嫁《とつ》いでいる妹のお市の方から**「袋に入った小豆《あずき》」**が届いた。

その袋は両端が紐《ひも》でくくられた変なものだった。それを見た信長は、自分も袋の中の小豆同様、両側からくくられる、つまり挟み撃ちに遭うことをお市の方が知らせてきたのだと確信した。お市の方、ナイスアシストじゃ。

長政に煮え湯を飲まされるとは毫《ごう》も考えていなかった信長は、顔面蒼白《そうはく》。

前に朝倉、後ろに浅井。

優位から一転、挟撃《きょうげき》される形になった信長は、慌《あわ》てて撤退を開始した。

絶体絶命のピンチだ。

この時、後詰《ごづめ》（殿《しんがり》）を務めたのは、池田勝正《かつまさ》と明智光秀《あけちみつひで》、そして秀吉だった。秀吉は金崎《かねがさき》城（現・福井県敦賀《つるが》市）に籠《こ》もり、追撃する朝倉勢と必死で戦った。**「金崎の退《の》き口《くち》」**と称されるこの撤退戦で、またまた男を上げた秀吉だった。

その間に信長は、浅井の領地である琵琶湖の東を通るルートを避けて、朽木《くつき》村

（現・滋賀県高島市）を通る若狭《わかさ》街道ルートで、辛《かろ》うじて京へと退却した**（信長の朽木越え）**。

煮え湯を飲まされた信長は可愛さ余って憎さ百倍、「長政憎し」の復讐心《ふくしゅうしん》に燃え、岐阜城に戻って兵を整えると反撃に出た。

織田（二万）・徳川（五千）連合軍

vs.

朝倉（八千）・浅井（六千）連合軍

両軍は姉川《あねがわ》（現・滋賀県長浜市）を挟んでにらみ合う形となった**（姉川の戦い）**。義兄朝倉氏との長い友好関係を重んじて、信長を裏切った浅井長政は必死だった。こ

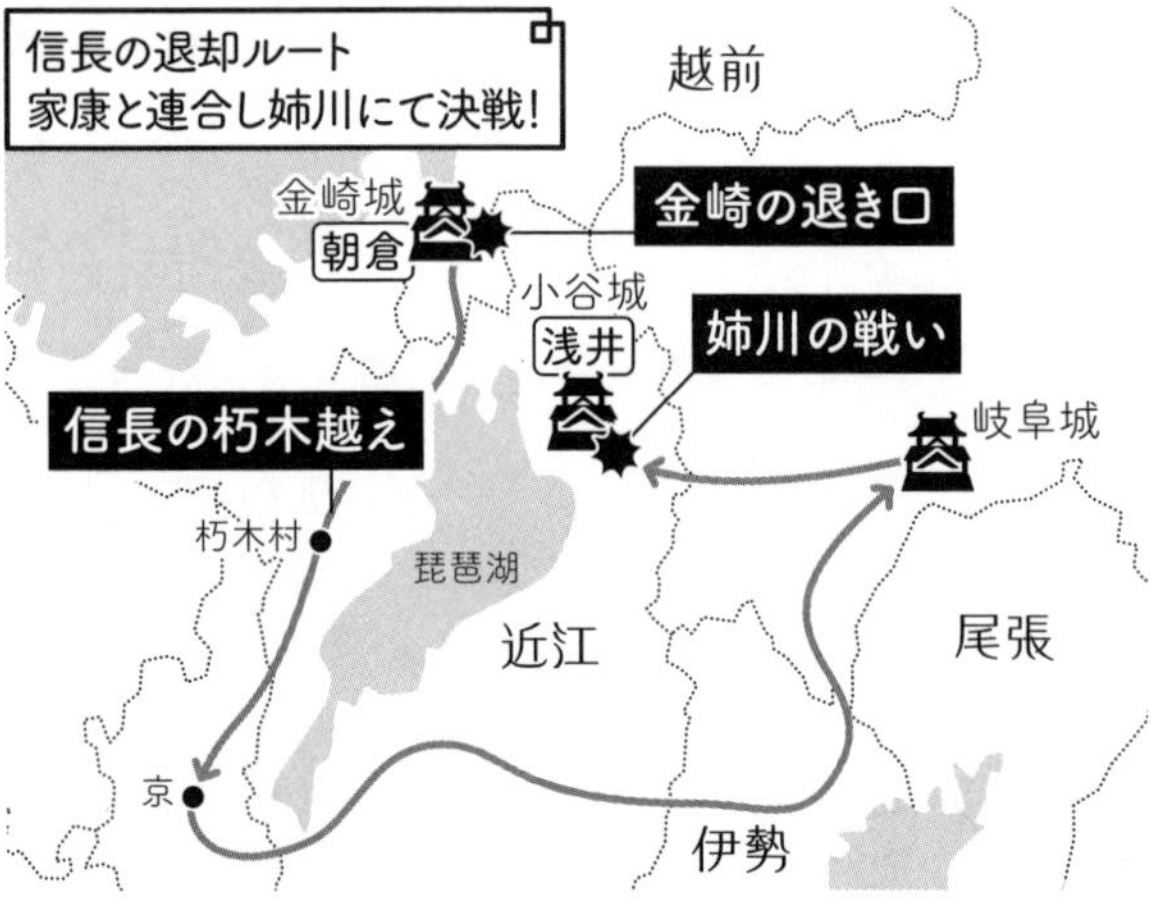

こで信長を倒さなければ滅亡あるのみ。やるかやられるか、一か八《ばち》かの戦いだった。

〝勝敗の帰趨〟を決したのは徳川四天王の榊原康政！

さて、われらが家康の活躍する場面がやってきた。

信長から参陣の要請を受けた家康は、援軍として五千余りの兵を率いて信長のもとに駆けつけた。信長が家康に、苦戦している隊の援軍に回るよう要請したところ、家康は「それでは加勢に来た甲斐がありません」とやんわり断った。そこで信長が「では、主力の朝倉軍と戦ってくれ。少し数が足りないだろうから、我が家臣を加えて進ぜよう」と言うと、家康は、

「朝倉軍が何万騎であったとしても、私の手勢のみで打ち破ってご覧に入れましょう」

そう言って、徳川軍は真向かいに布陣していた朝倉軍に猛然と襲い掛かった。

トータルでの兵力は織田・徳川連合軍に分《ぶ》があった。野戦では兵力の多いほうが有利……これが常識だ。しかし敵もさるもの、激しい戦いの中、朝倉軍は信長の本陣近くまで肉薄した。

しかし、家康が徳川四天王《してんのう》の一人、榊原康政《さかきばらやすまさ》（170ページ参照）に命じて行わせた側面攻撃なども成功して勝敗は決した。**織田軍の四分の一にすぎない徳川軍の活躍が勝敗の帰趨《きすう》を決した**と言っていい。

家康自らも激戦に身を投じた。若き家康の大手柄じゃ。

しかし、これで朝倉・浅井氏が滅んだわけではなかった。

比叡山焼き討ち、小谷城攻め、そして室町幕府滅亡へ

将軍義昭は信長に擁立されて将軍となったものの、次第に不和が生じた。そこで、一五七一年から、**義昭は信長を討とうと朝倉義景や浅井長政、武田《たけだ》信玄《しんげん》などに、いわゆる「織田信長討伐令」を出しはじめた。**

長政は喜び、「公方《くぼう》様が御内書《ごないしょ》を下された」と各所に喧伝《けんでん》して、反信長だった武将

たちの囲い込みに走り、「信長包囲網」を敷こうとした（御内書とは室町幕府の将軍家が発給した文書。普通の書状のような様式だが、公的な意義を持つようになった）。しかし、長政と協力関係にあった比叡山延暦寺《ひえいざんえんりゃくじ》（滋賀県大津市）はすでに信長によって焼き討ちに遭って勢力は削がれており、頼みの朝倉軍と合わせても織田軍に数のうえで劣る状況だった。

一方の信長は「信長包囲網」をものともせず、敵対勢力を次々と打ち破っていった。ついに信長は満を持して大軍を率い、朝倉氏の本拠地である一乗谷《いちじょうだに》城（現・福井市）を焼き払って朝倉氏を滅ぼした。

続いて浅井氏の本拠地である小谷城を攻めた。秀吉を小谷城に送って降伏を促すが、最期《さいご》を悟った長政は応じず、**妻のお市の方と三人の娘を信長に引き渡すと、城内で自害した**。享年二十九。

一五七三年七月、信長はもはや用済みとなった義昭を京都から追放し、ここに室町幕府は実質的に滅んだ。足利尊氏《たかうじ》が創始してから約二百四十年の命脈だった。一四六七年に始まった応仁《おうにん》の乱以降、戦乱の世に突入し、室町幕府はすでに弱体化していたが、とどめを刺したのが信長だった。

甲斐の虎・武田信玄に完敗！「三方ヶ原の戦い」

「空城の計」でなんとか武田軍をごまかした家康
ラッキー!!
くん
くん
…
家康様、何か臭いませぬか?
そ…それはっ…味噌の臭いじゃ
そんなことよりこの敗戦の口惜しさを忘れないためにも「しかみ像」を描け!!
本当はビビッてうんこちびってたんだよん
これからは信玄流で戦うぞ!!

室町幕府最後の将軍義昭が一五七一年から出しはじめた「織田信長討伐令」の御内書に反応したのは、朝倉・浅井氏だけではなかった。武田信玄も信長を叩く大義を得たと喜んだ。一五七二年九月、信玄は三万もの大軍を率いて西上作戦を開始した。

たなびく「風林火山」の文字——戦国最強の騎馬軍団西上！

まず、信濃《しなの》から南下した武田軍は、徳川領国である遠江《とおとうみ》に向かい、二俣《ふたまた》城（現・静岡県浜松市）を攻撃し、あっという間に占領した。

「風林火山《ふうりんかざん》」……信玄の旗指物《はたさしもの》（軍旗。戦場において、自らの存在や所属などを示すために背に差していた旗）に印された「疾如風、徐如林、侵掠如火、不動如山」（はやきことかぜのごとく、しずかなることはやしのごとく、しんりゃくすることひのごとく、うごかざることやまのごとし）を略した四文字だ。これは「孫子の兵法」から取られたもので、戦における四つの心構えを示している。

動くべき時は風のように迅速に動き、動くべきでない時には林のように静観し、侵略すべき時には烈火のごとく激しく、護るべき時には山のようにどっしりと構えて動かない。

「状況に応じて柔軟に対応すべし」との戒《いまし》めである。**武田軍は戦国最強と称される騎馬軍団を擁していた。**さあ、家康はどう戦うのか!?

老獪な信玄の挑発——籠城か、野戦か?

信玄が落とした二俣城は、家康の居城である浜松城まであと二十キロに位置していた。浜松城は三方ヶ原《みかたがはら》の丘陵上に築かれた要害堅固《ようがいけんご》な城で、家康はここを本拠地とし

戦国最強の騎馬軍団を率いたといわれる武田信玄。
「孫子の兵法」仕込みの強さで家康を震え上がらせた

て二十九歳から四十五歳までを過ごした。

信長と同盟を結んでいた家康は、岐阜城にいる信長に援軍を求めたが、信長は朝倉・浅井、伊勢《いせ》長島の一向一揆《いっこういっき》、京の三好三人衆など、多方面に兵を割かれていて三千ほどの援軍しか送れないという。

そこで、数のうえで劣る家康は野戦を諦《あきら》め、籠城《ろうじょう》して戦おうと決めていた。ところが二俣城を出た信玄軍は、浜松城まであと三キロというところで進路を北西に変え、三方ヶ原に向かった。**「戦うに足らぬ相手」とばかり、馬鹿にしたように城下を通り過ぎていく信玄軍**に対して家康は怒りが込み上げてきた。周りは止めたが、

「いかに信玄軍が猛勢とて、我が庭である城下を蹂躙《じゅうりん》して通っていくのを黙って見逃すわけにはいかぬ。『敵に枕の上を踏み越えられているのに、起き上がりもしなかった臆病者よ』と世間の人々から嘲《あざけ》られるのは後代までの恥辱《ちじょく》だ」

こう言って出撃に踏み切った。家康は血気盛んな三十代。しかし、率いる兵はわずか八千、信長からの援軍三千と合わせても一万一千。一方、敵は老獪《ろうかい》な信玄率いる精

鋭部隊、しかも三万もの大軍だ。無謀な賭けだった。

家康軍は城を出て信玄の軍を追う形で三方ヶ原へと向かった。その時だ。信玄は「待ってました」とばかりに反転し、迎撃態勢に入った。**信玄の罠《わな》だった**のだ。

「城攻めでは落とすのに何日もかかる。そのうちに信長の援軍が到着すると面倒だ」と考えた信玄は、家康を城から引っ張り出すために、わざと城下を素通りしたのだった。家康は見事にそれに引っかかった。

あえなく敗走！　武田軍の追撃に取った「空城の計」

さらに家康は戦術も間違えた。

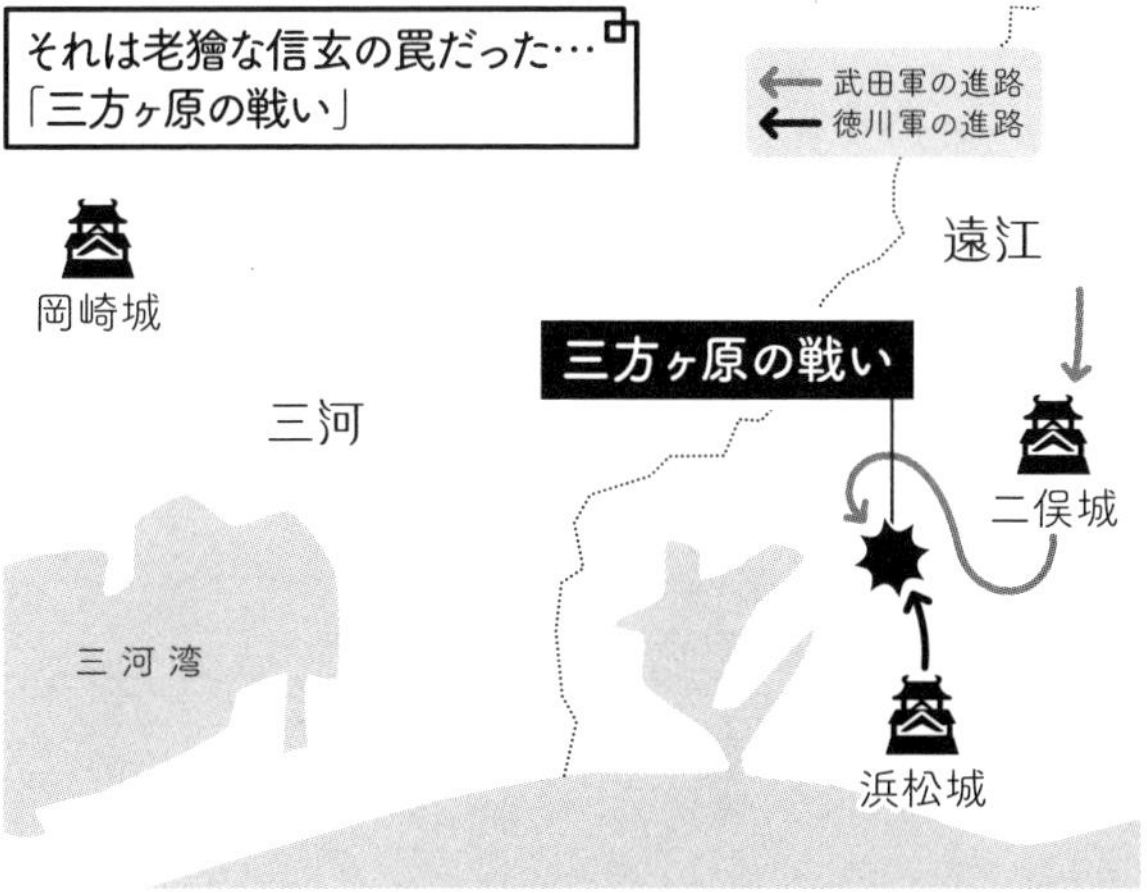

「鶴翼」陣形の家康軍は、
「魚鱗」陣形の信玄軍にあえなく敗走!

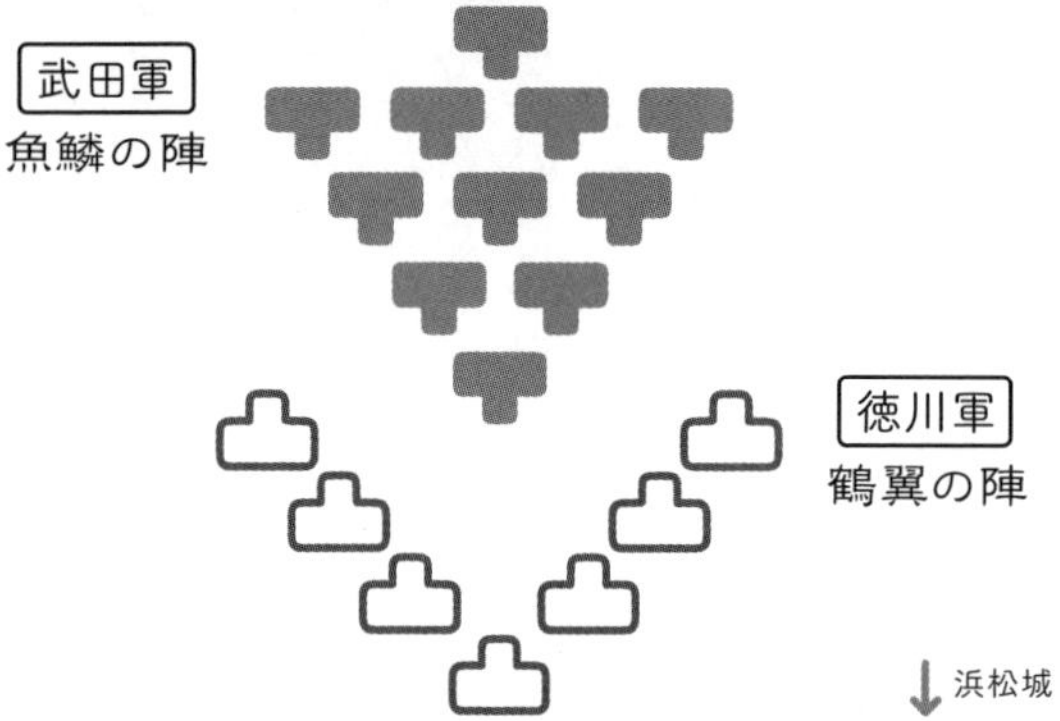

家康の陣形は包囲殲滅《せんめつ》を狙う「鶴翼《かくよく》」。これは数のうえで優勢なほうが取る陣形だ。家康としては、兵力を大きく見せるための一種の陽動作戦だったが、信玄には通用しなかった。一方の信玄は「魚鱗《ぎょりん》」。魚の鱗《うろこ》のような三角形の陣形で、先手からの一点突破の攻撃に特化した形だ。これは大将首を狙いにいく構えといえる。

「鶴翼の陣とはふざけおって。家康は戦い慣れておらぬ青二才にすぎぬな」

日の傾きかけた夕方から始まった戦いは、日没までのわずか二時間ほどで勝敗が決した。織田の援軍を率いる平手《ひらて》汎秀《ひろひで》は討ち死に。さらに頼みとする武将が次々と戦死し、**徳川軍は総崩れとなり、家康は敗走するしかなかった。**

武田軍の死傷者二百人に対し、徳川軍は死傷者二千人。家康の完敗だ。

幸い日が暮れていたので、闇に紛れ、わずかな供回《ともまわ》りだけ引き連れて、家康は浜松城へ逃げ帰った。城へ到着した家康は、武田軍の追撃に対して「空城《くうじょう》の計」を取った。

空城の計とは、城門をわざと開いて篝火《かがりび》を焚《た》き、城内に敵を誘い込んで殲滅させる策略だが、今の家康には迎え撃つ兵力は残されていない。「空城の計」と見せかけ、武田軍が引き返すのを期待するという、一か八かの賭けとなる。**どうする家康⁉** 迷いに迷った家康だが、あとから次々と帰ってくる兵たちもいる。それを見捨てることはできない……家康は命じた。

「**決して城の門を閉めてはならぬ‼**」

この状態で武田軍に攻め込まれていたら、家康の命運はここで尽きていただろう。

しかし、天は家康に味方した。浜松城まで追撃してきた武田勢は、城内の様子を見て畏かもしれぬと疑心暗鬼に陥って突入することを躊躇《ちゅうちょ》し、そのまま引き揚げたのだ。「ラッキー!!」。家康は安堵し、湯漬けを食べてそのままいびきを掻《か》いて眠り込んだといわれている。これを見た家来たちも安心して休んだのじゃ。

恐怖のあまり脱糞！「信玄の戦い方」から得た教訓

家康はこの三方ヶ原の戦いでの敗戦によって、大きな教訓を得た。

まず、三方ヶ原の戦いの直後に、苦渋に満ちた「顰像《しかみ》」と**呼ばれる肖像画**を描かせたという。実は家康はこの戦いで敗走した際、あまりの恐怖に脱糞《だっぷん》していた。ほうほうのていで浜松城に到着したあと、家臣からそれを指摘された家康は「これは味噌だ」と言い張った。……それにしては、く、臭い。

家康は敗戦の悔しさを忘れず、慢心を戒めるために、生涯にわたってこの「顰像」を座右に置いていたといわれている（その説は怪しいともいわれているが……）。

次に家康は、**「負けないための準備」をしてから戦いに臨《のぞ》むべし**、という大切な教訓を得た。信玄は緻密《ちみつ》な作戦を立ててから戦いに臨んでいた。三方ヶ原の戦いでの敗戦は必然であり、戦う前にすでに勝負がついていたことに家康は気がついた。血気にはやって勇猛果敢に戦うだけで勝てるほど戦は甘くはない。

今までの家康は、兄貴分ともいえる信長の戦い方を信奉していた。

三方ヶ原の戦いで信玄に敗れたあと、慢心を戒めるために描かせたという「顰像」

信長は、長槍隊、鉄砲隊を組織し、それを機能させるための兵農《へいのう》分離の体制を作るなど、革命的なアイディアを駆使して「百戦百勝」していくタイプ、言うなれば力業《ちからわざ》による押しつぶし作戦を駆使していた。

一方の信玄は「百戦百勝」を目指すのではなく、

戦わずして相手を屈服させることこそ最上の策だという「孫子の兵法」を戦法としていた。**「六分七分の勝は十分の勝《かち》なり」**（『甲陽軍鑑《こうようぐんかん》』）という信玄の信条のほうが、家康の性格や考えに近いものがあった。

そこで、**家康は信玄の戦い方を学び**、この敗戦以降、戦う前に準備に十分な時間をかけ、またできれば外交戦略を使って戦いを回避するという方向に舵《かじ》を切った。

転んでもただでは起きぬ——さすがわれらが家康公じゃ。

家康の実感！「命を惜しまぬ家来」こそ宝

三方ヶ原の戦いで大敗したにもかかわらず、信玄をして「家康は海道一の弓取りよ」と言わしめたのは、討ち死にした徳川の兵がすべて武田軍に向かって倒れていた、という壮絶な敢闘精神を見せつけられたからだった。

「三河衆一人に尾張衆三人」——三河武者一人は尾張武者三人に匹敵するといわれる。大半が山地の三河は山の民としての性格を持ち、質朴《しっぼく》で困苦に耐え、偏屈だが愚直で戦えば退《ひ》くことを知らない……。

そして何より主人に対して忠実で、死を恐れない。

信玄の軍勢に取り囲まれ、家康が「討ち死にするしかない」と覚悟を決めたその時、家臣の**夏目吉信**《なつめよしのぶ》**（広次**《ひろつぐ》**）**が、「私が家康公の身代わりとなって討ち死にいたします」と言って、たった二十五騎を従えて十文字の槍を取り、

「我こそ家康なり。大将首欲しくばかかってこられよ!!」


と、家康を名乗って敵を引きつけ、交戦して討ち死にした。その間に家康は逃げおおせたのだ。まことに三河武士の鑑といえよう。

はるか年を経て天下人となった家康が、夏目吉信の息子たちを召し出して、「私があの時危機を免れ、今天下統一の業を成し遂げられたのも、すべてお前らの父の忠節によるものだ」と涙を浮かべて感謝し、恩賞を与えたという。

なお、明治の文豪夏目漱石《なつめそうせき》は、吉信の子孫だといわれている。

他にも、退却時に殿《しんがり》を買って出た**本多忠真**《ほんだただざね》が、「ここから、あとへは一歩も退かぬ」と叫びながら、迫り来る武田軍に斬り込んで壮絶な死を遂げている。この忠真は

徳川四天王の一人である本多忠勝《ただかつ》（171ページ参照）の叔父にあたり、松平家に代々仕えてきた本多家の武将の一人だ。

他にも十六神将の一人、**鳥居忠広**《とりいただひろ》（172ページ参照）も、この三方ヶ原の戦いで殿を務め、敵と一騎討ちの末、討ち取られた。この時の敵は「武田二十四将」の一人、土屋昌続《つちやまさつぐ》だった。剛腕で鳴らしていた忠広は、一刀のもとに昌続のかぶっていた兜《かぶと》を撃ち割ったが深手《ふかで》を負わせるには至らず、昌続に反撃されて組み打ちの末、首を討ち取られてしまった。

この戦いで多くの家臣を失ったが、**家康のためなら死を厭わない三河武士団こそ、真の宝である**ことを家康は身に染みて知った。

のちに、関白《かんぱく》となった秀吉が高価な茶器や有名な刀を家康に見せながら、「これがわしの宝物じゃよ。ところで、徳川殿の宝はなんじゃ」と尋ねた時、家康は、

「私は田舎者で、珍しいものは何も持っていません。ただ、私のために命を惜しまず働いてくれる家来が五百騎ほどいます。それが私の宝です」

と答えた。これを聞いた秀吉が感心し、「わしもそうした宝が欲しいものじゃ」とうらやましがったという。

さて、「三方ヶ原の戦い」に敗れた次の年の正月、武田家から、

松枯れて　竹たぐひなき　朝《あした》かな

訳 松平家は枯れて、武田家は類《たぐい》なく栄える将来だ。

という嫌味な句が送られてきた。「なんだとー!!」と、いきり立つ家康と家臣たち。すると徳川四天王の筆頭格の**酒井忠次**《さかいただつぐ》（170ページ参照）が仮名の濁点を変えるなどして、

松枯れで　竹だくびなき　朝かな

訳 松平家は枯れないで、武田家は首がない将来だ。

と詠《よ》み返した。忠次殿ナイスじゃ。激怒していた家康や家臣たちは忠次の機転のすばらしさに拍手喝采。それ以来、徳川家の影響が強い地域では正月に「門松の竹を斜めに切り落とす」のが慣例となり全国に広まったという。

裏切り者には陰惨な制裁を！ 大賀弥四郎の事件

一方、家康は信頼していた家臣に裏切られるという経験もしている。

家康の家臣に、**大賀弥四郎《おおがやしろう》**という者がいた。もともとは武士に仕えて雑務をする「中間《ちゅうげん》」という低い身分の者だったが、算術に長じていたため家康に見込まれ、会計職に試用され、頭角を現してたちまち二十七余郷の代官に抜擢された。

弥四郎は家康だけでなく嫡男信康《のぶやす》からの信任も厚く、「弥四郎がいなければ何事もうまくいかない」と言われるほどになった。しかし、**弥四郎は権力を持つにつれ増長し、ついにその悪行ぶりが家康の知るところとなった**。弥四郎は捕らえられて罷免《ひめん》され、家財を没収された。やがて釈放された弥四郎は家康を憎み、武田勝頼《かつより》（信玄の息子）と通じて謀反《むほん》を企《くわだ》てたが、その計画は露見してしまった。

大賀弥四郎は首だけを地面から出した形で生き埋めにされ、竹の鋸で首を挽かれた。家康の残酷さを物語るエピソード

弥四郎が武田方に送った謀反計画を記した書状を読んだ家康は、怒り心頭。再び弥四郎を捕らえると、馬に乗せて浜松城下を引き回し、妻子五人が磔《はりつけ》にされたのを見せたあと、**首だけを地面から出した形で生き埋めにした。**

弥四郎の罪状が書かれた札の下には竹の鋸《のこぎり》が置かれており、

「どうぞこの鋸で罪人の首を挽《ひ》いてください」

とある。「挽けと言われても」……現代人なら躊躇するところだが、毎日少しずつ竹の鋸で首を挽かれていく弥四郎。**まさに**

生き地獄。苦しみの果て、七日後に死亡したという。
家康は信長と比較すると「慈悲深い」という印象があるが、こうしたエピソードを知るにつけ、そうではないと思わされる。家康に心から忠誠を誓う「三河武士」は大切にするが、自分を裏切ろうものなら残酷なやり方で刑に処す……天下を取る武人は、そんなに甘くはないのう。

なぜ家康は「信玄の死」を惜しんだか

さて、三方ヶ原の戦いで家康に勝利した信玄だが、そのまま信長と戦うかと思いきや、突然行軍の速度を緩めてしまった。実はこの時、**信玄は病に侵《おか》されていた**のだ。過酷な進軍を続けることは、もはや信玄にとって大きな負担となった。

間もなく信玄の病状悪化に伴い、武田軍は西上作戦を切り上げて撤退を決断した。その帰路において信玄は病死した。享年五十三。死因は結核とも胃癌《いがん》ともいわれている。

信玄は「自分の死を三年間隠せ」と遺言したが、その死はすぐに諸大名の耳に入ることになった。家康もそれを知ると、信玄の死を惜しんで言った。

「隣国に強き武将がいる時は万事油断なく心を用いるから、自然と国政も治まり、武備《ぶび》も緩むことがない。今、信玄が死んだのは味方の不幸であり、少しも喜ぶことではないのだ」

川中島の戦いで激戦を繰り広げた上杉謙信《うえすぎけんしん》も、食事中に信玄の死を聞き、箸《はし》を投げ捨てて「なんとも残念なことよ。近年で英傑と称すべきはあの入道《にゅうどう》信玄であったものを。もはや関東の弓矢の柱がなくなった」と言って、はらはらと涙を流した。

信玄の辞世は、

大ていは　地に任せて　肌骨《きこつ》好し　紅粉《べにこ》を塗らず　自《みずか》ら風流《ふりゅう》

訳 だいたいのことは世の流れに身を任せておけばよいのだ。見せかけで生きず、自然に生きることがすばらしいのだ。

家康は信玄を恐れると同時に尊敬もしていた。のちに、武田家の元家来を自分の家来にしたり、自らの五男に武田信吉《のぶよし》と名乗らせて武田家を再興させたりしたことからも、それが窺える。信玄については次のコラムで語っていこう。

コラム

「甲斐の虎」武田信玄

「戦国最強の武将」と呼ばれることもある武田信玄は、甲斐の守護を務めた武田信虎《のぶとら》の次男として生まれた。兄が夭折《ようせつ》したので嫡男となり、元服して名を「晴信《はるのぶ》」と改めた。

しかし弟が生まれると父の寵愛《ちょうあい》がその弟に移っていき、信虎と晴信との関係は悪化していく。やがて晴信は家臣たちを味方に引き入れ、結託して**無血クーデターを起こし、父信虎を追放してしまった。**

当主となった晴信は、近隣諸国を平定していく。それを脅威に感じた北信濃の諸将たちが、越後《えちご》の**上杉謙信**に支援を要請した。それを受けた謙信が信濃へと出兵し、甲越対決が始まった。いわゆる「**第一次川中島の戦い**」だ。

この川中島の戦いは、第二次、第三次の戦いでも決着がつかず長引いた。そうこうしているうちに、国内では飢饉《ききん》や水害が発生するなど、八方ふさがりの状況に。困った晴信は、なんと「占い」に頼ることにした。その結果は「**出家せよ**」だった。そのお告げを受けて出家し、晴信から「信玄」へと改名した。

それからの信玄は大きく変わった。

戦場にも仏像や経典を入れた「笈《おい》」（仏具などを入れて背負う脚つきの箱）を持参し、熱心に祈りを捧げた。戦で亡くなった家臣たちの冥福はもちろん、みなの息災を必死に祈る信玄。また、手柄を立てた家臣には「即金」の形で褒美《ほうび》を出したり、傷が癒えるように温泉を整備したりするなど、目に見える形でも労をねぎらった。こうした姿に感動した家臣たちは信玄に忠誠を誓い、主従の深い信頼関係が築かれた。

こうして「**戦国最強」と称された武田の騎馬隊**が編成され、兵糧弾薬を運搬する小《こ》荷駄《にだ》に至るまで、一糸乱れぬ陣構えの武田軍団が出現していた。

信玄の事績を記した『甲陽軍鑑』に、

人は城　人は石垣　人は堀
情《なさけ》は味方　讎《あだ》は敵なり

「甲斐の虎」と「越後の龍」が激突した「第四次川中島の戦い」は戦国史上、最大の激戦ともいわれる

という有名な歌がある。これは信玄がいかに人材をうまく活用したかを表している。

部下としたのは代々の家臣だけでなく、出自を問わずスカウトした。軍師山本勘助《やまもとかんすけ》や真田《さなだ》一族など、信玄によって見出され、才能を開花させた武将も多かった。

一五六一年の「**第四次川中島の戦い**」は、一連の対決の中で最大規模かつドラマティックな合戦として数々の軍記物語に取り上げられている。特に、武田軍の本陣に攻め入った謙信のひと太刀《たち》を信玄が軍配で受け止めるシーンは、「**謙信vs.信玄の一騎討ち**」として浮世絵にもなっている有名なものだ。

これはあくまで創作の域を出ないものだが、危機一髪の瀬戸際に陥った信玄を、家臣が命を賭《と》して助けたというのは実際にあったことだろう。

足掛け十二年にも及んだ川中島の戦いは結局決着がつかず、信玄、謙信という両雄が睨み合っている間隙《かんげき》をついて、「天下布武」をスローガンに掲げた織田信長が急速に力をつけて、全国統一に動き出した。

「長篠の戦い」で大勝利!! 三河から遠江・駿河へ勢力拡大!

信玄の死後、武田家を継いだのは息子の**勝頼**だった。信玄亡きあと、戦国最強の武田軍は面目躍如《めんもくやくじょ》の働きをし、若き勝頼はその名を全国に知らしめた。

勝頼はその勢いのまま家康方の長篠城《ながしのじょう》（現・愛知県新城市《しんしろし》）を包囲した。城主奥平信昌《おくだいらのぶまさ》（貞昌《さだまさ》）からの援軍要請を受けた家康は、すぐに同盟を結んでいた信長に連絡すると、信長は三万の大軍を率いて長篠城の西、設楽原《したらがはら》に布陣した。

一五七五年五月二十一日、戦国期の合戦の中でも、画期的な意味を持つ**「長篠の戦い（長篠・設楽原の戦い）」**が始まった。

当時、火縄式の鉄砲は連射が利かないため、主要な武器だとは認識されていなかったが、信長はその弱点を克服したとされる。**「三段撃ち」**と呼ばれるそのやり方は、三人が一組となり、最前列の兵が射撃する間に二列目、三列目の兵が弾の装塡《そうてん》と火薬の装入を行い、最前列に復帰した時にはすぐさま弾を撃つ、ということを繰り返す。つまり、非常にアナログな形ではあったが「連射」を可能にする方法だった。

さらに、通説では**信長の用意した鉄砲の数はなんと三千挺《ちょう》!!**（現実的には千挺か。「三段撃ち」もちょっと怪しい）。

そうとは知らぬ武田騎馬軍団は、まんまとおびき寄せられ、鉄砲隊の餌食《えじき》となった。次々と有力な武将を失った勝頼は、織田・徳川連合軍に完敗した。

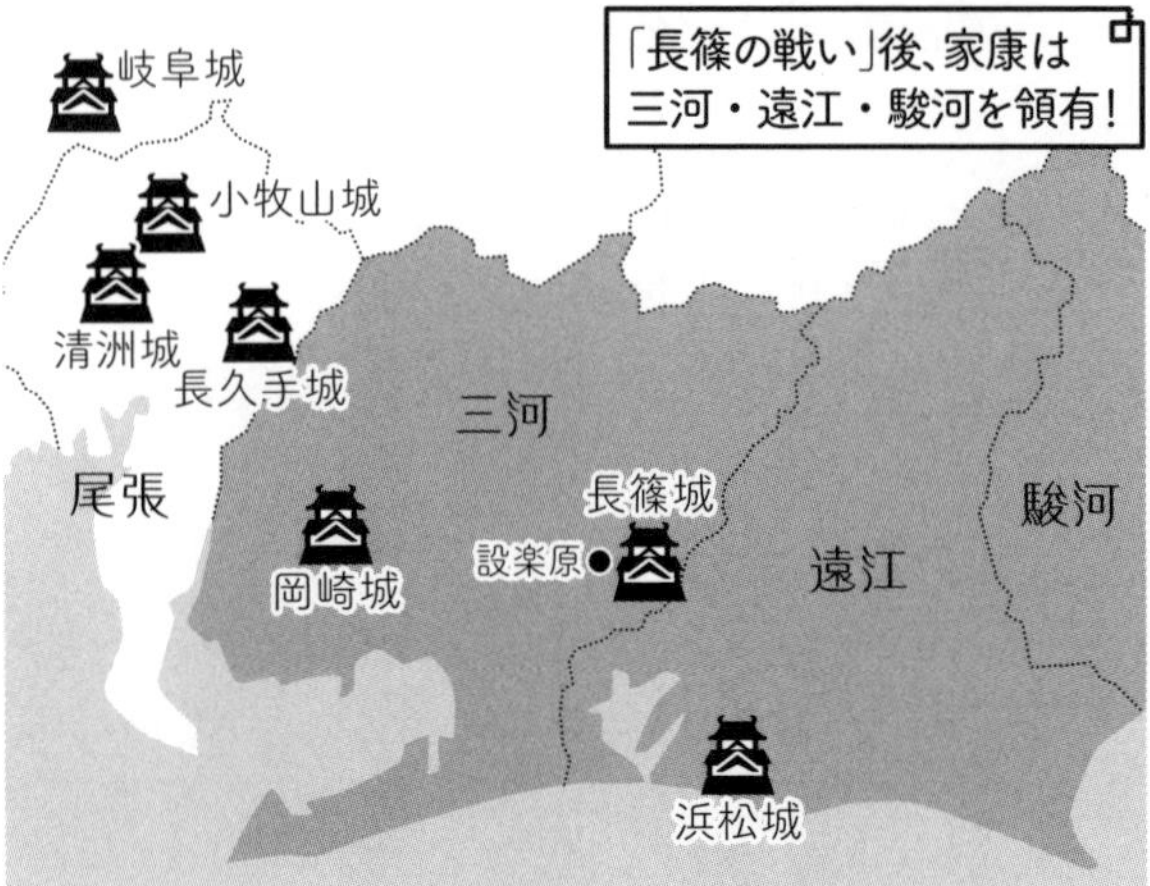

一方、家康は武田氏の領地であった駿河を徳川領とし、三河・遠江・駿河の三国を治める大名として勢力を拡大したのだった。

「戦国の走れメロス」――長篠城落城のピンチを救った忠臣

「戦国の走れメロス」と呼ばれた男がいる。足軽の鳥居強右衛門《とりいすねえもん》だ。往復百キロ以上の山道を走り通して味方の危機を救ったヒーロー。明治から太平洋戦争時までの国定教科書で「忠義者」として紹介されていたほど有名だった。

この強右衛門が活躍したのが、「長篠の戦い」だ。

武田勝頼が二万もの大軍をもって三河の長篠城を包囲した際、城主奥平信昌の手勢はわずか五百。堅固な城ゆえ籠城作戦を取ろうとした信昌だったが、敵の火矢で兵糧倉が焼失し、あと数日で食糧が尽きて落城、という絶体絶命のピンチを迎えた。

慌てる信昌。そこで家康のいる岡崎城へ使者を送り、援軍を要請しようと思ったが、城の周りは武田軍が包囲していて蟻《あり》の這い出る隙間もない。敵に見つからずに岡崎城まで行くことは不可能に近かった。

九九パーセント死ぬと思われるこの困難な役目に志願したのが、強右衛門だった。強右衛門は、信昌がしたためた手紙を下帯に縫い込み、下帯一つの姿になった。そして人目につかぬよう夜陰に紛れ、下水口から川へと潜って城を脱した。

強右衛門は死を覚悟して長篠城を脱出する際、

我が君の　命に替る　玉の緒《お》を　などいとひけん　武士《もののふ》の道

㊞訳 主君の命に代えて自分の命を捨てるのをどうして惜しむことがあろうか、惜しまないのが武士道である。

という辞世の歌を残したと伝えられる。

川を泳いで向こう岸に達した強右衛門は、武田軍の包囲網を突破し、**足場の悪い険しい山道をひと時も休むことなく走り通し、半日後、岡崎城に到着した**。ちょうど援軍を率いて来ていた信長が家康と共にいた。

汗と泥にまみれた強右衛門を見た信長が、「まことにあっぱれ。だが安心召されよ。わしと徳川殿の軍勢を合わせれば勝頼軍の倍の数。われらは明朝出立《しゅったつ》するゆえ、しばらく休み、そのほうが案内せよ」とねぎらったが、強右衛門は援軍が来ることを味方に一刻も早く伝えたいと言うや、飯も食わずそのまま引き返した。

「武田勝頼に未来はない！」——的中した家康の予言

強右衛門は往復百キロ以上の山道を走り通して長篠城を目指した……走れメロス、いや強右衛門!! しかし、あと一歩というところで武田の兵に見つかり、捕らえられた。

強右衛門から、織田・徳川の連合軍四万が長篠に押し寄せることを知った勝頼は青ざめた。そこで、一刻も早く城を落とすために、「援軍は来ないから、諦めて城を明け渡すのが得策」という**偽情報を城内に伝えるよう、強右衛門に命令した**。従えば命を助けるうえに武田家の家臣とする、という好条件まで出した。

強右衛門は勝頼の命令を承諾した……ように見せかけた。

長篠城からよく見える場所へと引き立てられた強右衛門は、大声で叫んだ。

「みなの衆、お聞きくだされ！　援軍四万が参りますぞ！　あと二日の辛抱じゃ。もうひと踏ん張りなされよ！」

強右衛門は武田の命に従うように思わせて勝頼を欺《あざむ》き、このワンチャンスに賭け、**決死の覚悟で長篠城に向かって真実を叫んだ。**これを聞いた勝頼は怒り、部下に命じてその場で磔にして強右衛門を殺させた。

一方、長篠城の信昌と城兵たちは、あと二日持ちこたえれば援軍が来ることを知り、強右衛門の死を無駄にするなとばかりに奮戦し、武田軍の攻撃から城を護り通した。そして援軍が到着するや、武田軍を完膚《かんぷ》なきまでに叩きのめした。

武田軍の中には、強右衛門の勇気を称《たた》えて助命を求める家臣たちもいたが、勝頼は進言を聞かず、強右衛門を惨殺した。

あとでこれを知った家康は憤《いきどお》り、勝頼の非道な所業を批判し、武田に未来はないと断じた。

やがて勝頼は家臣たちに離反され、自害に追い込まれる。**勝頼が信玄から家督を相続して九年、武田家は滅んだ。**家康が予言した通りになった。

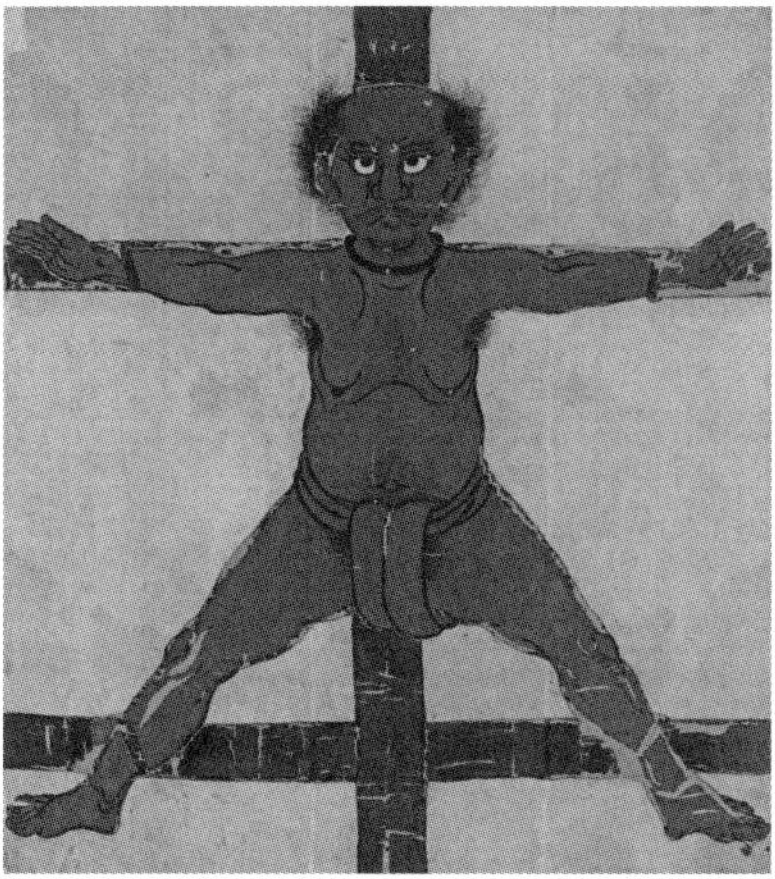
磔にされ、鬼気迫る様子で睨みつける
鳥居強右衛門の姿を図案化した落合左平次の旗指物

徳川家の家臣の落合《おちあい》左《さ》平次《へいじ》は、強右衛門が磔にされた様子を描いた旗指物を使っていた。

大の字で磔にされた強右衛門は、下帯一つの姿で口をへの字に結び、両眼をカッと見開いて強い目力《めぢから》で睨んでいる。

左平次は長篠の戦いに従軍して強右衛門が磔にされる姿を見て涙し、それを図案化して旗指物として背中に差して戦ったという。

これを見た敵兵は、さぞや恐れおののいたであろうな。

さて、足掛け十二年に及ぶ「川中島の戦

い」は決着がつかないまま、信玄が一五七三年に亡くなった。また関東の雄である北条氏康《ほうじょううじやす》も一五七一年にすでに亡くなっていた。そこで上杉謙信は「信長包囲網」（71ページ参照）に加わり、進軍を開始した。

一五七七年、謙信は難攻不落とされていた能登《のと》の七尾城《ななお》（現・石川県七尾市）を制圧した。これで能登は謙信の支配下となった。一五七八年、いよいよ謙信が京を目指す時が来た。

しかし、その準備をしている最中、謙信は倒れ、帰らぬ人となった。**上杉謙信の最期は酒の飲みすぎでの早死に**だった。謙信は大の酒好きで、肴《さかな》は何も食べず、ただ酒をあおる……さすが「越後の龍」（「虎」とも）と呼ばれただけのことはあるが、さぞや無念だったろう。

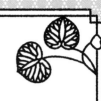

3章

潰えた信長の野望！
どうする、家康!?

……堺から岡崎まで
いかに逃げ延びるか！

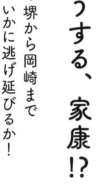

信長の逆鱗に触れ、泣く泣く 正室・築山殿と長男・信康に処刑命令

長篠《ながしの》の戦いののちの一五七九年、家康にとんでもない災難が降りかかった。

家康の正室である築山殿《つきやまどの》と長男の信康《のぶやす》が、武田勝頼《たけだかつより》に密かに通じているとされ、それを知った織田信長《おだのぶなが》が家康に対し、二人の処分を求めてきたのだ。

事の発端《ほったん》は、娘徳姫《とくひめ》からの手紙だった。徳姫は信長の長女で、家康の長男信康と同い年、わずか九歳の時に信康と政略結婚させられていた。家康と信長はすでに同盟を結んでいたが、これによって親戚となり、より強固な結びつきを果たした。家康は徳姫の舅《しゅうと》、築山殿は徳姫の姑《しゅうとめ》ということになる。

苦渋の決断！　信長への「忠誠」を誓って……

徳姫は信康との間に二人の娘を生んだものの、跡継ぎとなる男の子には恵まれなかった。心配した築山殿が信康に側室を迎えさせた……と、このあたりから嫁と姑との関係が悪化し、さらに信康と徳姫との夫婦関係も怪しくなる。

不満を抱えた徳姫は、父の信長に手紙を送った。

一つ、姑の築山殿が信康に、徳姫に関する讒言《ざんげん》をした。
一つ、築山殿と医師の減敬《げんきょう》との密通があった。
一つ、築山殿と信康が武田家と内通している。

……などなど、十二カ条からなる訴状を信長に送り、これを読んだ信長が激怒し、家康に信康の処刑を命じたとされる。信長殿は激しいお方じゃ。

この時、信康の傅役《もりやく》であり、徳川十六神将の一人に数えられる**平岩親吉**《ひらいわちかよし》（173ページ参照）が、「信康様は無実です。これは誰かが仕組んだ罠です。万一、本当に信康様の行状が悪かったとしたら、それは私の育て方が間違っていたせいであり、責任はすべて私にあります。私の首を取って信長様に差し出してください」と申し出た。

家康は悩んだ。信康と築山殿の無実を信じたかった。しかし、信長と同盟を結んでいるとはいっても、ほぼ主従の関係。信長に逆らうことはできない。**徳川家の存続のためには、信長に忠誠を示し、二人を処分するしか道は残されていなかった。**

築山殿には自害を迫ったが本人が拒んだため、家康の家臣が殺害した。そのあと、信康は無実を叫びながら自害した。享年二十一。

家康は「二人の処分」にそれほど躊躇しなかった!?

家康は最愛の二人の死を悲しんだ……と言いたいところだが、そうでもない節がある。築山殿は、源氏の嫡流《ちゃくりゅう》である名門今川《いまがわ》の出身ということを鼻にかけていた。また、家康が人質時代に恩があるはずの今川家を裏切って、仇敵《きゅうてき》である織田信長に付いたことを恨み、家康を憎んでいたといわれる。家康もまた、プライドの高い築山殿を持て余していた……**完全に冷え切った夫婦関係だ**。

それに加えて家康は戦に忙しく、側室も抱えて子までもうけていた。築山殿は家康のいる浜松城には行かず、子ども二人（信康・亀姫《かめひめ》）と共に岡崎城にいた。母子家庭状態の築山殿は、子どもたちに愛を注ぐだけでは満足できず、医師を愛人にし、また密かに武田氏に通じたという（このあたりは築山殿を悪女に仕立て上げるために、話を捏造《ねつぞう》しているような気もしなくはない……）。

一方、**長男の信康は武勇に優れた武将であったが、乱暴な振る舞いが多かった**。領内の風流《ふりゅう》踊りにおいて、踊りの下手な領民を面白半分に矢で射殺したり、鷹狩りの途中、たまたま出会った僧に腹を立て、縄でくくり殺しにしたりした（狩りの際、僧侶に出会うと獲物が捕れなくなるという迷信を信じてのことだった……あとで謝罪しているが、まさに「後の祭り」）。

家康からすると、信康はなかなか面倒な息子だったようだ。

そんな築山殿と信康だったがゆえに、**家康が二人を処分するのにそれほど躊躇しなかったのではないか**という説もある。それどころか、徳姫の手紙や信長の命令はでっちあげで、実はこの事件の黒幕は家康であり、自らが二人の処分を仕組んだという可能性もある。

しかし後年、関ヶ原《せきがはら》の戦いの際、家康が「やれやれ年老いて骨の折れることよ。信康がいたならこれほど苦労はしておるまい」と言ったと伝わっていることからも、信康が戦上手だったことは家康も認めており、すべてを嫌っていたわけではないだろう。

六男忠輝は信康と似ていたから嫌われた!?

とはいっても、こんな話も伝わっている。**信康の異母弟で六男松平忠輝《ただてる》は、家康に**

嫌われ続けた。その理由として、忠輝が信康と似ていたからだという（それだけ!?）。

七歳の忠輝が家康に面会した折、家康は次のような発言を残したという。

「おそろしき面魂《つらだましい》かな、三郎（信康）が幼《おさな》かりし時に違《たが》ふところなかりけり」

家康は、忠輝に信康の面影を見出して恐れ嫌い、冷遇し続けた。後年、大坂夏の陣の際、遅参により軍功を挙げることができなかった忠輝に対して、家康は今後の対面を一切禁じた。**死の間際においても、駆けつけた息子たちの中で、忠輝にだけは絶対に面会を許さなかったほどの徹底ぶり**だった。

勘当《かんどう》された忠輝が徳川宗家より赦免されたのは、なんと忠輝の死から三百年後の一九八四年になってから。徳川宗家十八代当主の徳川恒孝《つねなり》氏が、忠輝の三百回忌で赦免状を読みあげたという……。

コラム

後家好きの家康

築山殿が殺害される半年ほど前に、のちの二代将軍となる秀忠《ひでただ》が生まれている。母は西郷局《さいごうのつぼね》という女性だ。

通称「**於愛の方**《おあい》」と呼ばれた彼女は、最初の夫に先立たれて後家となり、次に従兄と再婚して一男一女をもうけたが、その夫も戦で落命し、またしても後家となった。やがて家康の側室に望まれ、秀忠、忠吉《ただよし》（徳川四天王の一人、井伊直政《いいなおまさ》〈169ページ参照〉の娘婿《むすめむこ》）を生んだ。

最初の正室である築山殿は、プライドが高く面倒くさいタイプだったのに対して、於愛の方は美人で温和な人柄だったといわれ、家臣や侍女たちにも好かれていた。しかし、於愛の方は築山殿に仕えていた侍女の恨みを買って毒殺された可能性が高く、そうだとすれば、とんだとばっちりを受けたものだ。

於愛の方が家康の理想の女性であったため、彼女の死以降、**家康は「後家」を好んで側室に迎えている。**家康が後家を好んだ理由としては、子孫を多く残すことを求めたこともあげられる。家康は経験則から、一度出産したことがあれば子を産む確率が高いと判断し、出産経験のある女性を多く側室に迎えた。判明しているだけでも、側室中五人が後家だ。

そんな中で**家康の最愛の側室は「阿茶局《あちゃのつぼね》」**という女性だった。彼女は実務能力も高く、大坂冬の陣の講和をまとめ、徳川家中からも一目置かれる存在となった。『徳川実紀』においても、「阿茶局という、女にめずらしき才略あり」「世にその才覚を感ぜざるものなし」とベタ褒めされた彼女は、家康の死後も政治の世界へと留め置かれ、その才覚を存分に発揮している。

さらにいえば三代将軍家光《いえみつ》の乳母《めのと》であり、大奥を取り仕切った**春日局《かすがのつぼね》**（彼女も後家だ）とも家康は怪しい噂があった。

たんなる乳母でありながら春日局があそこまで権力を持てたのは、家康との間に家光を生んだからではないか、というのだ……。

信長死す！ その時、家康の胸に去来したものは――

信長が東海地方から近畿地方を次々と支配していき、一五七六年に安土城《あづち》（現・滋賀県近江八幡市《おうみはちまん》）の建設を始めた時、中国地方のほぼ全域を支配していたのは**毛利氏**《もうり》だった。

毛利元就《もとなり》の息子三兄弟の代には、毛利家、吉川家《きっかわ》、小早川家《こばやかわ》と力を合わせて信長に対抗した。さらに元就の孫の輝元《てるもと》の代になると、信長が京から追放した足利義昭《あしかがよしあき》を保護し、信長と敵対する仏教勢力の石山本願寺《いしやまほんがんじ》と同盟を結んだ。

「天下布武」を掲げる信長にとり、目の上のたん瘤《こぶ》どころか絶対に叩き潰さなければならない天敵、それが毛利家だった。その**毛利家の征伐を命じられたのは秀吉**《ひでよし》だった。

まず備前《びぜん》（岡山県南東部）を平定した秀吉は備中《びっちゅう》（岡山県西部）へと侵攻するが、その前に大きく立ちはだかったのが、難攻不落の備中高松城（現・岡山市）であり、その城主**清水宗治**《しみずむねはる》だった。城攻めを得意とする秀吉でも、備中高松城の攻略には苦労した。敵は五千、秀吉軍は三万。圧倒的に有利なはず……しかし高松城に近づくには細い一本道しかなく、また城の周りは沼や湿地帯が広がっていて足場が悪く思うように動けない。何度攻撃を仕掛けても矢で狙い撃ちされ、退却を繰り返すばかりだった。

その時、播磨《はりま》（兵庫県南西部）の地方領主だった**黒田官兵衛**《くろだかんべえ》（**孝高**《よしたか》）が「水攻め」の策を秀吉に進言する。官兵衛は**竹中半兵衛**《たけなかはんべえ》（**重治**《しげはる》）と共に秀吉に側近として仕え、「両兵衛《りょうべえ》（二兵衛《にへえ》）」と並び称された名参謀だ。

高松城の周りを取り囲む湿地帯は、護りにおいては強みだが、裏を返せば水が溜まりやすいという弱点を持っている。「なるほど、水攻めだ!!」――秀吉は、城を取り囲むような大きな堤《つつみ》を築いて、そこに水を引き込み、人造湖を出現させて城ごと水没させてしまう作戦を取った。

現地の農民らを動員して、土嚢《どのう》一俵につき銭百文、米一升という高額な報酬を与えた。現在の価値に直すと、約一万円＋お米一・五キロだ。人間、現金なもので**全長約**

四キロにも及ぶ長大な堤がわずか十二日で築かれた。折しも梅雨で増水していた足守《あしもり》川を堰《せ》き止めて水を引くと、高松城は本丸を除いてことごとく水没してしまった。

城主宗治の唯一の望みは毛利からの援軍だったが、いざ到着した輝元率いる毛利軍も、眼前に広がる人造湖の中、頭一つだけ出して孤立している高松城を見て唖然《あぜん》とするしかなかった。

宗治の籠城作戦も、この状況では兵糧を補給することは不可能。といって打って出ることもかなわない。一方の秀吉も、毛利の援軍を前に単独では対処できなかった。両軍が睨み合う膠着《こうちゃく》状態に入った。

しかしその時、とんでもない知らせが秀吉のもとへ届けられた。

「信長死す」

「是非に及ばず」——本能寺に散った第六天魔王

一五八二年六月二日、午前四時。

京の常宿、本能寺《ほんのうじ》で眠りについた信長は、なにやら外が騒がしいので目を覚ます。前夜、信長は天下の名品の数々を京の貴族や僧侶たちに見せる「名物びらき」の茶会を開き、嫡男の信忠《のぶただ》とも久しぶりに会って話をするなど、満足な一日を終えて就寝した。

当初、喧嘩《けんか》の声だと思ったのは、実は軍勢があげる鬨《とき》の声だった。鉄砲を撃ち込まれ、矢を射られたことで異変を感じ取った信長が、「さては謀反だな、誰の仕《し》業《わざ》か」と尋ねると、小姓《こしょう》の森蘭丸《もりらんまる》が「謀反を起こしたのは明智《あけち》光秀《みつひで》と見受けられます」と答えた。

その時、信長は、こう言ったという。

「是非に及ばず」

直訳すれば「当否、善悪を論じるまでもない」となる。

光秀ほどの者が謀反を企てた以上、逃れるすべはないという覚悟のひと言でもあった。

事実、光秀率いる一万三千の軍勢は信長のいる本能寺を完全に包囲。蟻の這い出る隙間もない状態だ。対する信長の手勢は百五十人ほど。

日本の**戦史上最大、百倍近い兵力差だ**（ズルいぞ光秀!!）。

普通に考えると、ものの一時間もあれば戦いは終わると思われたが、当時の本能寺は現在とは違う場所にあり、一町約百二十メートル四方という広大な敷地に建てられていた。周りを堀が囲み、さらに石垣も備えていた。寺というより、ちょっとした「城塞《じょうさい》」と考えたほうがよい。さすが信長の京の常宿だ。

もし、信長が丸一日持ちこたえていたら、大坂まで進軍していた三男信孝《のぶたか》軍の助勢を受けることも可能となり、助かっていたかもしれない。

嫡男・信忠も自刃、光秀のシナリオ通りにコトは進んでいたが……

信長は勇猛果敢に戦った。弓で次々に敵兵を射殺したが、あまりの激しさにすべての弓の弦《つる》が切れてしまった。弓を捨て、槍に持ち替えて奮闘したが、傷を受けてしまった。

そこで信長は、付き従っていた女房衆に「女はくるしからず、急ぎまかりいでよ」(女どもはかまわないから、急いで脱出せよ)と指示したのち、「もはやこれまで」と奥の部屋へと退却した。

この時、一緒にいた濃姫《のうひめ》が夫信長を護るために薙刀《なぎなた》を振るって敵兵と戦い闘死した、と記している史料もあるが、これは後世の創作だ。

午前八時。戦いが始まってから四時間がたち、すでに本能寺には火がかけられていた。**信長は寺の奥深くに籠《こ》もり、戸を閉めて切腹した**という。

燃え盛る紅蓮《ぐれん》の炎の中、信長の最期の姿を見た者はいない。桶狭間《おけはざま》の戦いに出陣する時に舞った幸若舞《こうわかまい》の『敦盛《あつもり》』。その「人間五十年……」にあと一年足らず、四十九歳で第六天魔王信長の人生は閉じた。

蘭丸をはじめとした小姓や警護の者たちは奮戦したが、全員討ち死にした。

信長の嫡男で、すでにこの時織田家当主となっていた信忠は、本能寺からわずか数キロ離れたところにある妙覚寺《みょうかくじ》(京都市上京区)に宿を取っていたが、父信長の死を知り、戦うのに適した二条御所に移って明智勢に抗戦した。しかし衆寡敵《しゅうかてき》せず、まもなく火を放って自刃《じじん》した……この時点までは、光秀の描いたシナリオ通りに事は進んでいた。

秀吉、奇跡の「中国大返し」で光秀誅殺！

「信長死す」……本能寺の変の翌日未明、備中高松城を水攻め中だった秀吉のもとに、この報が飛び込んできた。援軍として来るはずの光秀が叛意《はんい》を抱いて信長を討つ、という信じられない変事が起こったのだ。黒田官兵衛はこの時、

「これは天が与えた好機でござる」

と、秀吉に耳打ちしたという。城攻めはあと一歩のところまで来ているが、ここは早く決着をつけて信長公の敵《かたき》を討ちに戻ることが第一優先だ（官兵衛の言う通り、チャンスだ）。風雲急を告げるこの事態に対して最初は驚愕《きょうがく》した秀吉だったが、決断は

速かった。毛利側に信長の死を隠したまま、すぐさま清水宗治と講和を結び、京都に向けて約二万の全軍を出発させた。世にいう**「中国大返《ちゅうごくおおがえ》し」**だ。備中高松城から決戦（**山崎の戦い**）の地、山城《やましろ》山崎（現・京都府乙訓《おとくに》郡）までは約二百三十キロ。それをたった十日間で移動したのだから、**史上最速の強行軍**と言っていい。

あまりの早業に、「秀吉は本能寺の変をあらかじめ知っていた、いや仕組んだのではないか」という秀吉黒幕説も唱えられるほどだが、それは邪推《じゃすい》というものだろう。本能寺の変から十日後の六月十二日、秀吉軍は摂津《せっつ》の富田《とんだ》（現・大阪府高槻《たかつき》市）に着陣。しかも途中、池田氏、丹羽《にわ》氏、信長の三男信孝らと合流して軍勢は増し、総勢三万五千に達していた。また、信長の遺体がまだ見つかっていないことを知った秀吉は、**「信長様は生きておられる」と偽《にせ》の情報を流し**、光秀に味方しようとする諸将を牽制《けんせい》した。

一方の光秀は、頼みとしていた細川《ほそかわ》氏、筒井《つつい》氏などに協力を要請するが失敗。そこへ韋駄天《いだてん》のごとく秀吉軍が戻ってきているとの知らせが入る。準備不足ながら戦うしかない。どうする光秀!?　光秀の計画に、ほころびが生じはじめた。

京の入口、山崎において対陣した秀吉軍と光秀軍は、六月十三日午後四時頃に激突した。この時、後世に「勝敗や運命の分かれ目」の言葉となる**「天王山《てんのうざん》」を先に占拠していたのは秀吉軍**だった。

戦いは最初こそ一進一退だったが、数のうえでも位置的にも優位に立つ秀吉軍が次第に優勢になり、退却を余儀なくされた光秀軍は総崩れ。一万五千だった軍勢は、夕方にはわずか七百にまで減っていた。

光秀は夜陰に紛れて居城である近江坂本城（現・滋賀県大津市）を目指して敗走していたが、途中、落ち武者狩りに遭ってあえない最期を遂げた。本能寺の変が六月二日だから、わずか十一日間の極めて短い「天下」、いわゆる**「三日天下」**で終わった。

光秀の首は翌日には秀吉のもとに届けられ、本能寺、次いで東海道の京への入口の粟田口《あわたぐち》で晒《さら》された。「勝てば官軍、負ければ賊軍《ぞくぐん》」とはよく言ったものじゃ。短い天下だったのう。ただ、**光秀は名を「天海《てんかい》」と変えて家康に仕えたという説**がある。それは245ページでお話しするとしよう。

家康、危うし！いかに三河に逃げ帰るか!?

さて、歴史の歯車がまさに大きく動いていたその時、われらが家康は何を思い、どう身を処したのだろうか。

本能寺の変の直前、**家康は信長に招かれ、安土城でもてなしを受けた。**完成した豪華絢爛《けんらん》な安土城を誇らしげに案内する信長は、二人が出会ってからの三十年以上の年月に思いを馳《は》せ、「天下布武」が完成間近なのを二人で祝った。家康四十一歳、信長四十九歳。しかし、**この日が二人の会った最後の日となった。**

この時、接待役を命じられたのが光秀だった。『兼見《かねみ》卿記《きょうき》』(神事・祈禱《きとう》を司《つかさど》る吉田《よしだ》神道《しんとう》の宗家・吉田兼見の日記。織田・豊臣政権期の貴重な史料の一つ)には、光秀は家康にすばらしいご馳走を出したとある。

一方、江戸時代に書かれた『川角太閤記《かわすみたいこうき》』には、腐りかけた魚を使っているのを見た信長が光秀を叱責し、接待の役目を取り上げたとある。両極端だが、『川角太閤記』のほうが嘘くさい。光秀が信長を恨んで本能寺の変を起こしたとする、怨恨《えんこん》説を補強するための作り話だろう。

安土城で歓待を受けた家康は、信長の勧めで繁栄する堺《さかい》の町の見物に出かけ、再び京へ戻ろうとしていた。そこへ京の豪商**茶屋《ちゃや》四郎次郎《しろうじろう》**が自ら馬を飛ばして駆けつけ、

「今朝方、明智光秀が反逆して本能寺を攻撃し、信長様は自害され、信忠様も亡くなりました」と、本多忠勝《ほんだただかつ》に注進した。驚いた忠勝は四郎次郎と共に事の次第を家康に報告したところ、家康は悲痛な顔をして、

「今この少ない人数で光秀を討つことは難しい。急ぎ京に戻って知恩院《ちおんいん》に入り、切腹して信長様と死を共にしよう」

と言った。それを聞いた忠勝は、「家康様が京で切腹されても、それは無駄死にというもの。それより速やかに三河《みかわ》に戻って軍勢を集め、光秀を討つことこそ信長様の御恩に報いることの第一でございましょう」と諫《いさ》めた。

家康は承知した。

決死の伊賀越え！　家康の生涯中「艱難の第一」

迫りくる明智勢から逃れて三河に戻るために、家康の一行は最短コースである「伊《い》

賀《が》越え」を選んだ。四郎次郎がさまざまな形で支援を行い、土地勘のある**服部半蔵**《はっとりはんぞう》**（正成**《まさなり》**）**の道案内のもと、一行は険しい伊賀（三重県西部）の山道を、飲まず食わず休まず進み、追手から逃れた。

「地を這ってでも三河に戻り、逆臣光秀を討伐して信長殿の敵を討つ」

家康は必死だった。途中、落ち武者狩りの農民に襲われるという危機もあったが、土豪を金品で買収して味方に付けたりしながら、なんとか伊勢《いせ》の白子《しらこ》海岸（現・三重県鈴鹿《すずか》市）にたどり着き、そこから船を使って三河の岡崎城まで無事に戻ることがで

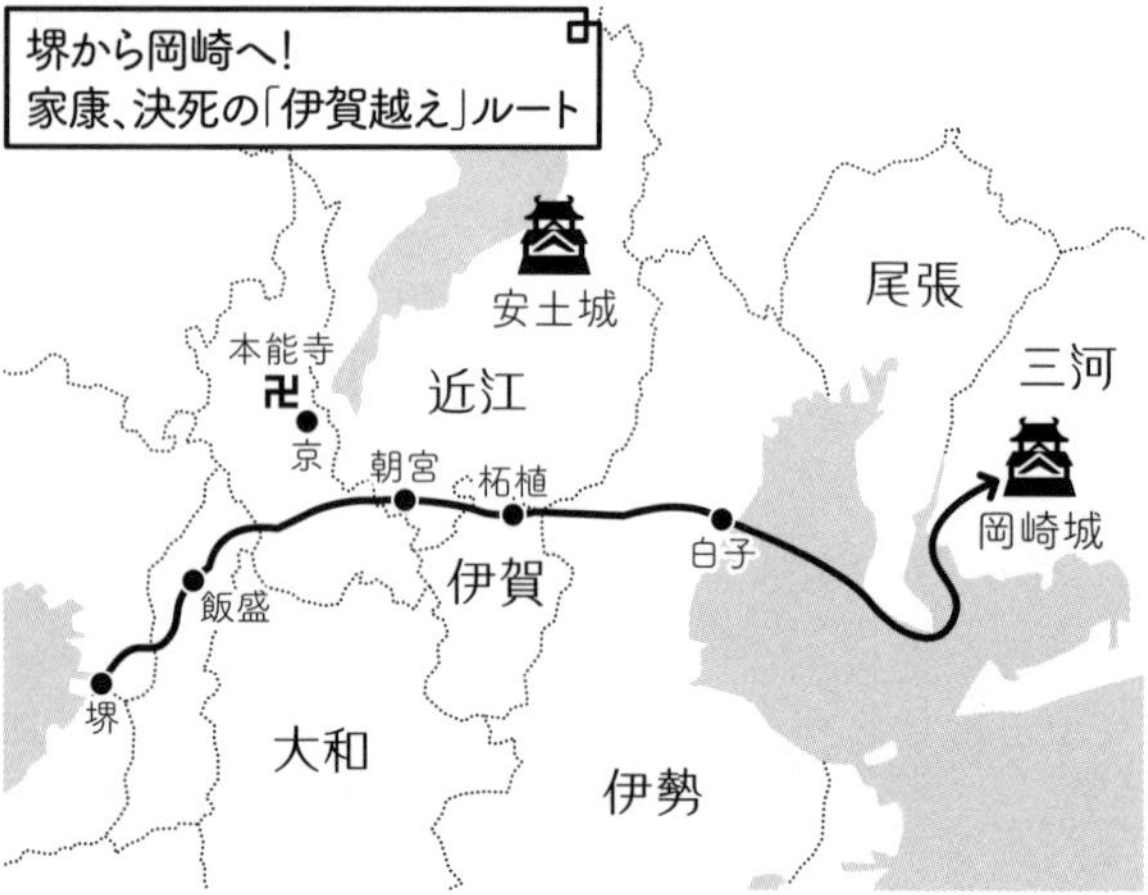

きた。

堺を発《た》ってから四日間、全二百キロの強行軍だった。「三河一向一揆《いっこういっき》」「三方ヶ原《みかたがはら》の戦い」そしてこの「伊賀越え」は**「家康の三大危難」**と呼ばれている。『徳川実紀』では、この「伊賀越え」を家康の生涯で「艱難《かんなん》の第一」と記している。


途中まで供をし、家康の警護をした二百人ほどの伊賀の者たちは、のちに半蔵の配下となり、伊賀同心（下級役人）として諸隊に配された。服部家当主は代々「半蔵」を通称としているが、いわゆる「服部半蔵」という名で呼ばれるのは、この二代目服部半蔵正成（173ページ参照）のことを指す。

服部半蔵といえば「忍者」というイメージが強いが、**本当に忍者だったのは初代の半蔵だけ**。二代目の半蔵は槍遣いの名手であり、松平家の譜代《ふだい》家臣として数多くの戦功を挙げ、「鬼半蔵」の異名をとっている。

ただ半蔵の配下の伊賀者と甲賀《こうが》者は、間者《かんじゃ》（敵情を探る者、いわゆる「忍者」）を務める者もいたのは事実なので、**半蔵は「忍者の頭領《とうりょう》」**といえなくもない。

この二代目半蔵は、家康の長男信康が切腹する際に介錯役《かいしやく》を命じられた（106ページ参照）。

しかし、刀を振り下ろすことができず、「三代相恩《そうおん》の主に刃は向けられませぬ」と涙ながらに訴えたため、代わりに検死役が介錯を行った。

それを聞いた家康は、

「さすがの鬼も主君の子は斬れぬか」

と言って半蔵を責めなかったという。のちに半蔵は江戸に西念寺《さいねんじ》（新宿区若葉）を開基し、信康のために供養塔を建てている。

ちなみに、皇居（江戸城）に今も残る「半蔵門」の名は、服部半蔵に由来するという。

コラム

妖刀「村正」

日本刀として有名な「村正《むらまさ》」は、伊勢桑名《くわな》（現・三重県桑名市）の刀工の名で、戦国時代には、その作になる刀は「名刀」として名高かった。

しかし、家康の祖父清康《きよやす》が家臣の阿部正豊《あべまさとよ》に殺された時に用いられたのが村正であり、また父広忠《ひろただ》が家臣に斬られた時も、村正の脇差《わきざし》が使われたという。そして、**家康の長男信康の介錯刀として用いられたのも村正**だった。

その切れ味はすさまじく、祖父清康は一刀のもとに右肩先から左の脇腹まで切り裂かれていたという。家康が今川家の人質時代に村正の小刀をふざけて触って手を負傷したこともある。とにかく切れ味抜群の刀だった。

そんな忌《い》まわしい来歴を持つ村正は、いつしか「妖刀《ようとう》」と呼ばれ、

「村正の刀を所持すると祟《たた》りがある」とまで言われるようになったが、家康はそんな噂など気にせず愛蔵し、自らが所持する二振《ふたふ》りの村正を家宝として子孫に残している。

しかし、浮世絵や歌舞伎の人気演目の中で村正が呪《のろ》いの刀であるとたびたび喧伝されたので、**妖刀「村正」の名は広まるばかり**。村正が徳川家に災いをもたらすという妖刀伝説が、武士をはじめ庶民の間でも信じられるようになっていった。

一六五一年に起きた「由井正雪《ゆいしょうせつ》の乱（慶安《けいあん》の乱）」では、事前に情報が漏洩《ろうえい》して幕府転覆計画は失敗（正雪は自害）に終わったものの、**「正雪の愛刀は村正だった」**と伝わる。また、幕末には西郷隆盛《さいごうたかもり》などの志士たちが競って村正を求めるなど、倒幕運動の象徴とされた。

村正に意志があったら、「『妖刀』としてではなく、『切れ味凄絶無比の名刀』として有名になりたかったなぁ」と、ぼやくことだろう。

4章

「秀吉に臣従するか否か」——そこが問題だ！

……群雄入り乱れて「信長の後継者争い」勃発！

清洲会議——ついに〝秀吉の欲望〟が蠢動！

清洲会議ビッグ4
羽柴秀吉
柴田勝家
池田恒興
丹羽長秀
実は、秀吉の思い通りに会議は進む
やっぱり…
織田家の後継は三法師様がふさわしいよね
まあ、確かに
その三法師様は俺様にべったりだよ〜ん
必殺・猿芸で三法師を手なずけていた秀吉

本能寺《ほんのうじ》の変において信長《のぶなが》は非業の最期を遂げ、信長の嫡男で織田《おだ》家当主の信忠《のぶただ》も二条御所で切腹した。だが、謀反を起こした明智光秀《あけちみつひで》は秀吉《ひでよし》との戦い（山崎の戦い）で敗れ、逃走中に落ち武者狩りに遭い死亡した。

一五八二年六月はなにかと忙しい。

織田家後継者および遺領の分配を決定することが喫緊《きっきん》の問題となった。そこで尾張《おわり》清洲《きよす》城（現・愛知県清須市）に、信長の家臣ビッグ4、**柴田勝家**《しばたかついえ》**、丹羽長秀**《にわながひで》**、羽柴秀吉**《はしば》**、池田恒興**《いけだつねおき》が集まり、話し合いの場がもたれた。世にいう**「清洲会議」**だ。ちなみに、信長の息子である信雄《のぶかつ》と信孝《のぶたか》、そして徳川家康の三人は、ビッグ4の決定に従うという誓紙を交わしていた。

まず四人は、織田家の家督を誰に継がせるかを決めなければならなかった。

信長の次男信雄と三男信孝は仲が悪く、互いに後継者の地位を主張して譲らなかった。勝家は信孝を推したが決定打がない。そんな中、秀吉が驚くべき提案をする。

「三法師《さんぼうし》様こそ、織田家の跡継ぎにふさわしい」

三法師は信長の嫡孫だったが、この時まだ三歳。しかし、本能寺の変の時点で織田家当主だった信忠の長男である以上、亡き父のあとを三法師が継ぐのは道理……この秀吉の理屈に、残りの三人も同意するしかなかった。

その四日後、再びビッグ4が対面することになったが、そこに**秀吉は三法師を抱いて現れた**。この数日の間に秀吉は「必殺・猿芸」で三法師を手なずけたのだ。それを見た残りの三重臣は、三法師を抱く秀吉を前にして平伏《ひれふ》すしかなかった。

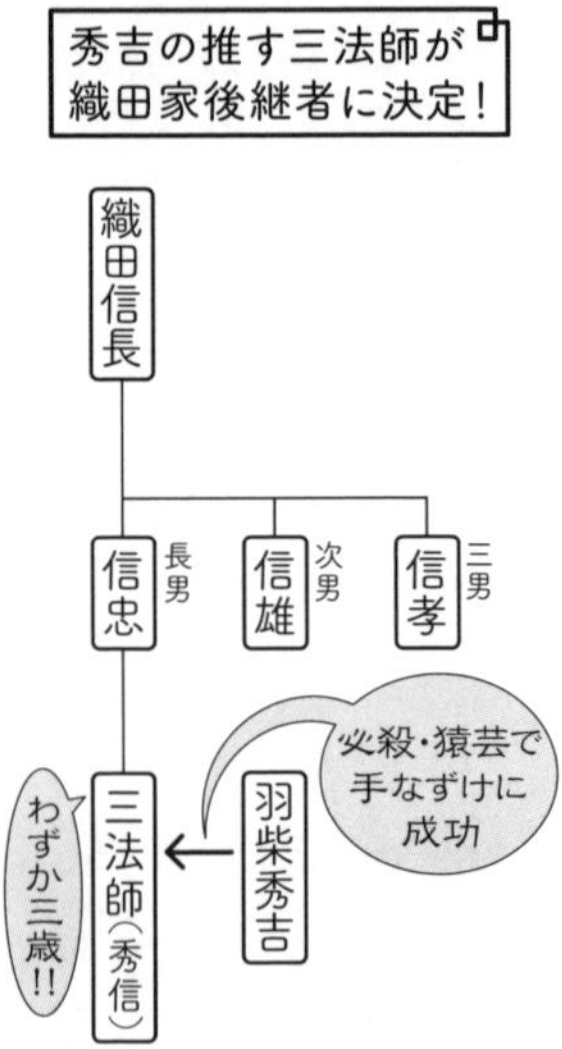

巧妙に政権を簒奪――"切り札"は三法師！

「清洲会議」の結果、わずか三歳の三法師が織田家の家督を継ぎ、叔父の信雄と信孝が後見人となった。そして清洲会議に出席したビッグ4が執権として「天下の政道」を行う体制となった。**秀吉は、家督と政務を分離することで、織田家の政治介入を阻止し、巧妙に政権を簒奪《さんだつ》する仕組みを作った**のだ。

これは秀吉の思い通りの結果だった。奈良興福寺《こうふくじ》の子院、多聞院《たもんいん》の僧侶たちによって書かれた『多聞院日記』には、

「大旨《おおむね》は羽柴（秀吉）のままの様になった」

と記されている。それまで織田家重臣の筆頭としての発言権を持っていたのは勝家だったが、本能寺の変後の動きで秀吉に遅れを取り、さらに遺領の分配においても秀吉に負け、完全に立場を逆転されてしまった。一方の秀吉は、織田家家臣団のトップに立ち、織田家をコントロールすることで、そのまま天下取りへの道は開ける。

秀吉は三法師の傅役《もりやく》（教育係）の堀秀政《ほりひでまさ》、執権の丹羽長秀と池田恒興を取り込むことに成功する。また、信長の四男秀勝《ひでかつ》を自分の養子にした。一方、もともと信孝を推していた勝家は、会議から排除された宿老滝川一益《たきがわかずます》を抱き込んで反秀吉陣を形成した。

いずれ二人が雌雄《しゆう》を決する時が来ることは、火を見るよりも明らかだった。

敵討ちで先を越された家康、五カ国を領有する大大名へ！

決死の「伊賀越え」で辛うじて三河《みかわ》に戻った家康は、ただちに兵を率いて信長の敵を討とうと上洛したが、秀吉が光秀を討ったという報を受けて兵を引き返した。残念ながら、**秀吉に先を越されてしまった家康**だった。

一方、信長が討たれたことで、織田の領国に動揺が走った。甲斐《かい》と信濃《しなの》で一揆《いっき》が起こり、また、越後《えちご》の上杉氏、相模《さがみ》の北条《ほうじょう》氏が近隣への侵攻の気配を見せた。本来、北条氏は織田氏と同盟関係を築いていたはずだが、信長の急死後、チャンスと見た北条氏は同盟を一方的に破り、織田の領地だった信濃に侵攻した。

それを見た家康は、そうはさせじと北条氏と戦ったが、決着がつかないまま戦線は膠着した。

やがて織田信雄・信孝兄弟の調停もあり、北条氏直《うじなお》が家康に和睦を求めてきた。その条件は、上野《こうずけ》（群馬県）を北条氏が、甲斐・信濃を徳川氏が領有し、家康の次女督《とく》姫《ひめ》を氏直に嫁がせるというものだった。

家康はこれを受け入れた。こうしてわれらが**家康は北条氏と姻戚《いんせき》関係になると同時に、甲斐・信濃・駿河《するが》・遠江《とおとうみ》・三河の五カ国を領有する大大名へとのし上がった**のじゃ。

「信長の葬儀」さえもダシに！　秀吉、超絶の才覚

家康が五カ国の大大名にのし上がっている間に、信長亡きあとの秀吉は、天下人への道を一気に突き進んだ。ここからしばらくは秀吉を中心に天下は回っていく。

家康はそれを横目に見ながら着実に実力を蓄えていったが、天下人へのチャンスは秀吉の死後に訪れることになる。この本でも、**ここからしばらくは『徳川実紀』を少し離れて、秀吉の天下人への道を中心に書かせていただく。**

秀吉は信長の後継者として世間にアピールするためにも、自らが中心となって信長の葬儀を行いたかった。そこで秀吉は、信長の遺骨を埋葬したという阿弥陀寺《あみだじ》（京都市上京区）の清玉上人《せいぎょくしょうにん》を尋ね、阿弥陀寺にて葬儀を行いたいと相談した。しかし、**上**

人は信長をダシに使って天下人になろうという秀吉の魂胆を見抜き、恩義ある織田家のために断固たる態度でその申し出を拒絶した。

阿弥陀寺での葬儀を断られた秀吉は、場所を大徳寺《だいとくじ》（京都市北区）に変え、そこで盛大な葬儀を七日間にわたって執《と》り行った。

「本能寺の変」から約四カ月ののちに行われた葬儀では、火葬場の蓮台野《れんだいの》までの約三キロの沿道を三千人の葬列者が練り歩き、三万人の軍勢が警護にあたったという。沿道の見物人に至っては、いったい何万人に及んだことだろう。

葬列では、秀吉の養子にした信長の四男秀勝を喪主とし、信長の位牌を持つのは信長の八男の御長丸《おながまる》（信吉《のぶよし》か？）だったが、誰の目にも本当の主役は明らかだった。真打《しんうち》秀吉は信長が所持していた不動国行《ふどうくにゆき》の太刀《たち》を掲げて歩き、**「信長の後継者は秀吉」**を強く印象づけた。

信長の遺体は見つかっていなかったので、その代わりに沈香《じんこう》（香木）で作られた木像を柩《ひつぎ》に入れて運んだ。錦紗金襴《きんしゃきんらん》で包まれた柩、それを載せて運ぶ御輿《みこし》の欄干《らんかん》には金銀がちりばめられていた。のちに黄金の茶室を作る秀吉の成金趣味が、ここでも発揮されているのう。

しかし、葬列に柴田勝家の姿はなかった。
信長の葬儀に関して勝家は完全に蚊帳《かや》の外に追いやられた。屈辱にまみれた勝家。
さあ、どうする勝家!?

賤ヶ岳の戦い――織田家随一の宿老・柴田勝家と対峙!

清洲会議ののち、勝家は秀吉にお互いに戦はしないように申し出た。これは冬になると雪が降り、春まで軍勢を動かせない越前《えちぜん》の北庄《きたのしょう》(現・福井市)を居城とする勝家の時間稼ぎだった。秀吉は一応この申し出を受けたが、裏では着々と合戦へ向けて準備をした。

秀吉陣営……織田信雄(信長次男)・羽柴秀勝(信長四男)
堀秀政・丹羽長秀・池田恒興
vs.
勝家陣営……織田信孝(信長三男)・滝川一益・前田《まえだ》利家《としいえ》(裏切る)

秀吉は、織田信孝と勝家とが組んで謀反を起こそうとしていると因縁をつけ、清洲会議の決定を破棄し、織田信雄を織田家の当主に据《す》えることを決めた。**この決定は家康も承認している。**

そして雪深い十二月、秀吉はまず勝家の養子柴田勝豊《かつとよ》が城主になっていた近江《おうみ》の長浜城を攻めた。勝豊は援軍を見込めず、あっという間に降伏した。さらに**秀吉は、岐阜城にいる織田信孝を攻めて降伏させ、着々と勝家を追い込んでいく。**

年が明けて一五八三年。三月になりようやく雪が溶けてきた。

雪に阻まれていた勝家が越前から出陣したのを確認した秀吉も出陣し、近江でしばらく睨み合いが続いた。双方、陣地や砦を構築していたが、一度は降伏したはずの信孝が岐阜城で兵を挙げたため、秀吉は美濃《みの》の大垣城に向かった。

それを見た勝家方の軍勢が、チャンスとばかりに秀吉の築いた砦を奇襲して奪い取り、続いて賤ヶ岳《しずがたけ》（現・滋賀県長浜市）の砦を攻めた。しかし、今度はそれを知った秀吉方の丹羽長秀が琵琶湖を渡って勝家方の軍勢を撃破し、賤ヶ岳砦の確保に成功する。

大垣城にいた秀吉は、賤ヶ岳砦の戦況を聞き、ただちに軍を返した。世にいう**「美濃の大返し」**だ。秀吉は「大返し」が本当に得意だ（笑）。秀吉軍は近江までの十三里（約五十二キロ）をわずか五時間で移動し、さらにその勢いのままで戦に臨んだ。秀吉軍と勝家軍は大激戦となった。

ところがこの激戦の最中、**柴田側に付いていたはずの前田利家の軍勢が戦わずして兵を退《ひ》くという事態が起きた**。これは利家と秀吉とが親しかったからだとされるが、戦う前から通じていたのではないかと推測される。

これで形勢は一気に秀吉有利に傾き、敵陣を次々に突破し

た秀吉軍は、勝家本隊に殺到した。集中攻撃を受けた勝家軍は総崩れとなり、北庄城に向けて退却した。

その時、勝家は利家に対して、

「利家殿は元来秀吉とは親密な間柄であるゆえ、自分のことは心配せず秀吉と和解していただきたく候《そうろう》」

という言葉を送っている。すでに死を覚悟していたとはいえ、自分を裏切った男を赦すとは、まことにあっぱれ。漢《おとこ》勝家ここにあり!!

北庄城に逃れた勝家だったが、秀吉の軍勢に包囲され、翌日、**妻のお市《いち》の方らと共に潔く自害した**。

また、勝家の後ろ盾を失った信孝は、秀吉に与《くみ》した兄信雄に岐阜城を包囲されて降伏。その後、信雄に切腹を命じられて自害した。

この賤ヶ岳の戦いで勝利を収めた秀吉は、新たな本拠地として天下の名城**大坂城の築城を開始**し、天下人へと突き進んでいく。秀吉時代の到来じゃ。

二度の落城――お市の方の「数奇な運命」

勝家と共に自害した妻**お市の方**のことを覚えているだろうか。信長の妹で、浅井長政《あざいながまさ》の妻だった人物だ。織田軍に敗れた夫と共に自害しようとしたが、長政に「三人の娘を頼む」と言われて思い留まり、三人の娘と共に救出された、あのお市の方だ。

信長が横死《おうし》したのちに行われた清洲会議（131ページ参照）で、好色の秀吉が超美人のお市の方と再婚したがったが、お市の方は秀吉のことが（生理的に）嫌いで、織田家を軽んずる秀吉に対して敵意すら抱いていた。**「秀吉の女になるくらいなら二十五歳の年の差なんて気にしないわ」**と、信長配下の中で筆頭格の勝家を選んで再婚した。

秀吉がまだぺーぺーの時代、柴田勝家と丹羽長秀に向かって、「お二人のようになりたいので、柴田様からは『柴』を、丹羽様からは『羽』をいただきとうございます」と言ってゴマをすり、「羽柴」姓を名乗ったのは有名な話だ。

「鬼柴田」とまで呼ばれた猛将勝家は、賤ヶ岳の戦いで、ゴマすり男にすぎなかった羽柴秀吉に敗れてしまったのだ。皮肉なもんじゃ。落城の前夜、降伏せず切腹する覚悟を決めた勝家は、お市の方に去るよう求めたが、お市の方はこれを拒んで共に自決すると誓った。**お市の方の決意が固いと知った勝家は、一族郎党、女中衆まで集めて今生《こんじょう》の別れの酒宴を催した。**勝家はお市の方をひと刺しで殺したあと、「十字切り」で切腹、介錯させた。享年六十二。お市の方、享年三十七。二人の辞世の歌は、

夏の夜の　夢路はかなき　跡の名を　雲井《くもい》にあげよ　山郭公《やまほととぎす》(※)（勝家）

訳 夏の夜の夢のようにはかなき我が人生だった。私の名を遥《はる》か空高く（後世まで）運んでくれ、山ホトトギスよ。

さらぬだに　打ちぬる程《ほど》も　夏の夜の　夢路をさそふ　郭公《ほととぎす》かな（お市の方）

訳 そうでなくても寝る間もないくらい短い夏の夜に、夢の世界（死の世界）に誘うホトトギスの声が聞こえることよ。

※ホトトギスは別名「死出《しで》の田長《たおさ》」と呼ばれ、冥土《めいど》にあるという「死出の山」を越えて来る鳥として、辞世として詠まれることが多い。

コラム

「浅井三姉妹」

勝家と共にあの世に旅立ったお市の方は、浅井長政との間の三人の娘を死出の道連れにしなかった。あれほど嫌っていた秀吉だが、ここは漢《おとこ》と見込んで直筆の書状を書き、三人の保護を求めた。死を賭した手紙を読んだ秀吉は、それを受け入れた。

「浅井三姉妹」として有名な、茶々《ちゃちゃ》、初《はつ》、江《ごう》は成長するに及んで、それぞれ**豊臣秀吉側室**（**茶々**）、**京極高次《きょうごくたかつぐ》正室**（**初**）、**二代将軍徳川秀忠《ひでただ》継室**（**江**）となるのだから、日本史上最強の三姉妹といえるだろう。

ちなみに京極高次という武将は、妹の竜子《たつこ》が秀吉に気に入られて側室となり、その縁で茶々（淀殿《よどどの》）の妹の初を正室とした。高次自身、優秀な武将ではあったが、なんと言っても彼女たちの七光りのおかげで出世していったので、「**蛍《ほたる》大名**」と呼ばれて揶《や》揄《ゆ》された。

なぜ「蛍」かというと、蛍が光っているのはお尻の部分、つまり「**蛍のお尻の光**」＝「**女の尻のおかげ**」という連想からそう呼ばれたようだ。ちと品がないのう。

三姉妹の嫁ぎ先もすごかったが、さらにすごいのは、お市の方の孫たちだ。秀吉と茶々の子秀頼《ひでより》、秀忠と江の子家光《いえみつ》、千姫《せんひめ》（219ページ参照）など、錚々《そうそう》たる顔ぶれなのだから、恐れ入谷《いりや》の鬼子母神《きしもじん》じゃ。

いや、まだまだ恐れ入ってはいけない。本当に恐れ入らなければならないのは、江の娘である徳川和子《まさこ》が後水尾《ごみずのお》天皇の中宮《ちゅうぐう》となり、その娘が明正《めいしょう》天皇（奈良時代の称徳《しょうとく》天皇以来、八百五十九年ぶりとなる女性天皇）となり……その後、**連綿と続いて今上《きんじょう》天皇（現天皇）に至っている**ことだろう。

長政と共に自害する道を選ばず、断腸の思いで生き残ったお市の方の人生は、再婚した勝家と共に自害するという悲劇で幕を閉じた。それを見た忘れ形見の娘たちは、なんとしてでも父（継父）と母の無念を晴らしたかったに違いない。その想いは、見事に子孫たちによって結実したといえるじゃろう。

「小牧・長久手の戦い」後、秀吉の駆け引きに家康は……

小牧・長久手の戦い
秀吉の軍勢7万人!!
家康ごときに負けるわけがない
ワシが野戦の達人であることを知らぬな
ひと泡吹かせてやるわ
ズン
ズン
と思ったら織田信雄が勝手に秀吉と和解
何してくれてんねん!!
ここはお互いに手打ち
いつかは雌雄を決する時が来るじゃろう

賤ヶ岳の戦いで秀吉陣営に入った織田信雄は、ライバルだった弟の信孝を切腹させたが、秀吉が織田家の跡継ぎとして、自分ではなく三法師を推したことに不満を抱いていた。しかし、今は秀吉の天下、織田家の旧臣たちもみな秀吉に味方していた。そこで**信雄は、秀吉を討ち取りたいと家康に申し出た**。それに対して家康は、

「亡き信長様との同盟の約束もあり、ここは見捨てるわけにはまいりませぬ。お味方いたします」

と答えた。家康もいずれは秀吉と雌雄を決する時が来ると考えていたので、信雄の申し出を受け入れ、挙兵することにした。

秀吉vs.家康！　雌雄は決せず「和睦」へ

一五八四年三月、家康は居城の浜松を出て清洲で信雄と会し、小牧山《こまきやま》（現・愛知県小牧市）を兵で固めた。織田軍と合わせた軍勢は二万。一方、犬山城に入り、さらに

楽田《がくでん》（現・愛知県犬山市）に移ってここを固めた秀吉は、池田恒興と森長可《ながよし》などの味方を得て総勢七万。数のうえでは秀吉軍のほうが圧倒的に有利だ。しかし家康は野戦の達人と称され、これまで負け戦をしたのは信玄《しんげん》相手の三《み》方ヶ《かたが》原《はら》の戦いくらい。活路はあるはずだ。秀吉軍の布陣を見た家康は、

「秀吉は私を舐めてかかっているようだな」

こう言ってニヤリと笑い、敵の弱点を探し出した。楽田を出発した恒興と長可が家康の拠点である岡崎城の攻撃に向かっている時、秀吉の甥の秀次《ひでつぐ》が最後尾で朝食休憩

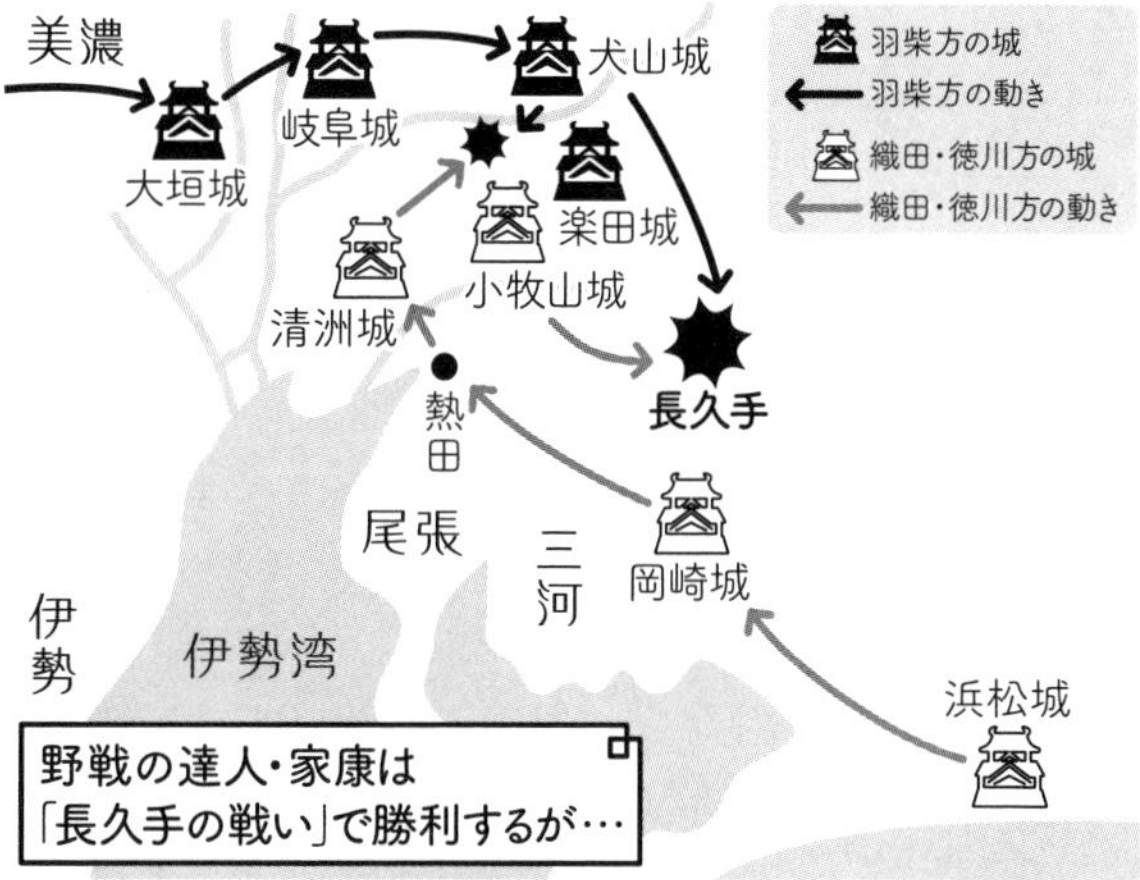

していた。

これを知った家康は、徳川四天王の一人**榊原康政**《さかきばらやすまさ》を向かわせ、休憩中の秀次隊に背後から襲いかからせた。

不意を突かれた秀次隊は、戦うことなく逃げだしてしまった。秀次の敗走を知り、恒興と長可は共に退くが、徳川軍の待ち伏せに遭い、長久手《ながくて》（現・愛知県長久手市）で家康に討ち取られる。

康政の奇襲によって、この戦いは一気に家康有利となった。

しかし、秀吉は七万を超える軍勢を率いて盛り返し、次々と城を落としていった。それを見た信雄は恐れをなした。一方、早急《さっきゅう》に天下統一を果たしたい秀吉にとっても、この戦いが長引くことは都合が悪い――双方の思惑が一致した。

秀吉が信雄に講和を持ちかけると、信雄もそれに応じた。しかしこれは家康にとって想定外の事態だった。**信雄が秀吉と和解したとあっては、家康もそれ以上戦う理由がなくなり、秀吉と和議を結ぶしかなかった。**

双方痛み分けの戦いだったが、秀吉と家康の二人は互いの力を認め合い、「直接対決はできるだけ避けるべきだ」という共通認識を得た。

そこで両家のつながりを深めるため、**家康の次男於義丸《おぎまる》が秀吉の養子**（実質的には人質）に出された。しかし、於義丸は秀吉に実子鶴松《つるまつ》が生まれると結城《ゆうき》家に養子に出されてしまい、**結城秀康《ひでやす》**と名乗った。秀康は秀吉の死後、関ヶ原《せきがはら》の戦いでは東軍として戦い、越前北庄藩（のちの福井藩）初代藩主となっている。秀康は二代将軍争いに名乗りをあげたが、家康は次男の秀康ではなく、三男の秀忠を指名している。

家康の懐刀・石川数正、まさかの出奔！

「小牧・長久手の戦い」のあと、家康は懐刀《ふところがたな》の一人である**石川数正《いしかわかずまさ》の突然の出奔《しゆつぽん》という事態に見舞われた。**

数正は家康の家臣の中でも最古参の一人で、今川義元《いまがわよしもと》へ人質として差し出された竹《たけ》千代《ちよ》時代から付き従った家臣のうちの一人だった。当時、数正は家康より十歳年上の十六歳。家康が幼い時から苦楽を共にしてきた家臣といえる。

数正は主に交渉役として活躍した。桶狭間《おけはざま》の戦いのあと、まだ今川氏の人質だった家康の嫡男信康《のぶやす》と正室築山殿《つきやまどの》を取り戻したり、信長と交渉して清洲同盟成立に大きく貢献したりした。こうした働きから、数正は家康からの信頼も厚く、家康は「小牧・長久手の戦い」の戦後の交渉役として、何度も秀吉のもとへと向かわせた。

「人たらし」秀吉はスカウトも得意で、何度も会っているうちに数正の人柄に惚《ほ》れ、**ケチな家康のもとを離れて自分の部下になるなら、一国一城の主にしてやると甘い言葉で誘ったが、忠臣数正は応じなかった。**

ところが、一五八五年十一月、数正は家康のもとから突然出奔してしまう。向かった先は、もちろん秀吉のところだった。おのれ数正、裏切りおって!!

まさに「青天の霹靂《へきれき》」! 数正に去られた家康側は、蜂の巣をつついたような騒ぎとなった。三河勢の軍事的機密を知り尽くし、岡崎城代まで務めていた数正が妻子眷属《けんぞく》を引き連れて秀吉のもとへ走ったのだから、さあ大変だ。どうする家康!?

家康は家臣たちを集めて善後策を練り、機密漏洩に対応するため三河以来の軍制を変更することにした。家康は信玄を尊敬していたので、信玄の代に記された軍法書や、その頃使用された武器を集め、今までの**徳川流は捨てて「武田信玄流の軍法」に変えてしまった。**

一方、秀吉は喜んで数正を迎え入れた。数正は河内《かわち》(大阪府東部)で八万石を与えられ、名を出雲守吉輝《いずものかみよしてる》と改めて秀吉の家臣として仕えた。徳川方から見れば「逆臣」となる数正の出奔の理由はわかっていない。真実を知るのは数正ただ一人だろう。

再三の上洛要請！　焦らし続けた家康の腹の内

「小牧・長久手の戦い」で秀吉は家康の力を認め、味方に付けておきたいと考えるようになった。そこで秀吉は、自分に会いに大坂へ来るように何度も家康を誘ったが、家康は断り続けた……秀吉の軍門に降《くだ》る気は毛頭ない。

なんとかしたい秀吉は、築山殿の一件以来、家康に正室がいないことを知り、一五八六年、**すでに嫁いでいた自分の妹の朝日姫《あさひひめ》を強制的に離縁させ、家康に無理やり押し付けて結婚させた。**

朝日姫はすでに四十歳を過ぎていた。「勘弁してよ」と家康は思ったが、ここは喧嘩をしても仕方ない。「堪忍」の二字で応じた（まあ、側室が何人もいるし）。これで秀吉と家康は義兄弟……ところが、それでも家康は上洛要請に応じない。

秀吉は切り札として、とうとう**母の大政所《おおまんどころ》を人質として岡崎城に送った。**母親への孝養で知られる秀吉が取ったこの捨て身の作戦に、さすがの家康もびっくりした。

ここまでされて、秀吉の要請に逆らえば戦になるかもしれぬと考えた家康は、周囲の反対を押し切って上洛することにした。

しかし、やすやすと秀吉の言いなりになるつもりはない。家康は二万の軍勢を引き連れ、「さあ、来るなら来い」と一戦交える覚悟で上洛した。ところが驚いたことに、家康の宿所をわずかな家来だけを連れて秀吉が訪ねてきた。

「飛んで火に入る夏の虫」とはこのこと。秀吉を殺そうと思えば殺せる状況に、家康は戸惑った……いったい秀吉は何を考えて訪ねてきたのか。ドキドキの家康だ。

そこで**秀吉が取った行動は、まさかの「へりくだり作戦」**だった。さすが「人たらし」の秀吉だ。秀吉は家康の上洛を「大儀《たいぎ》であった」とねぎらうと、名刀をはじめとして名器の茶壷、黄金まで贈るなどプレゼント攻撃。さらに二人でひざを突き合わせて酒を酌《く》み交わした。

もちろん、これには裏がある。秀吉は家康に耳打ちするようにして言った。

この秀吉が草履《ぞうり》取りの下男からスタートし、信長殿に引き立てられてここまでやってきたのは周知のこと。諸侯はうわべでは敬っているようだが、心から従っている者はいない。

秀吉に天下を取らせるのも失わせるのも、家康公の御心一つにかかっている。近く正式に対面する時に、是非そのあたりを汲《く》んで臨んでいただきたい。

家康はこの申し出に、「心配ご無用！（笑）」と快諾した。今や天下人となった秀吉が、出自を気にしてわざわざ自分から出向いて頭を下げに来るとは……大胆さと繊細さを併《あわ》せ持った秀吉の人間的な魅力に、家康も一本取られたといえるじゃろう。

大坂城での拝謁——居並ぶ大名を前に「秀吉と家康の茶番劇」

家康は大坂城で秀吉に拝謁《はいえつ》した時、おごそかな作法で御太刀《みたち》、御馬《おんま》、黄金百枚を献上し、身を屈して額《ぬか》ずいた……以下、**シナリオ通りに二人は演技していく**。それが茶番劇だとは知らない諸大名たちは、固唾《かたず》を呑んで二人の様子を見守るだけだった。

諸大名は、「家康公ですらこのようなのだから、我々が秀吉様を軽視できようか」と、秀吉を尊敬すること十倍になり、その反応を知った秀吉は上機嫌。家康を最上等にもてなすだけでなく、供の者たちにも祝儀の品をたくさん与えた。

また、別の日の朝食会でのこと。

「欲しいものがあればなんでも所望してよいぞ」と言う秀吉の言葉に、家康はその時秀吉が着ていた羽織を所望した。しかし、それは実戦で鎧《よろい》の上に着る陣羽織《じんばおり》だったので秀吉はさすがに断った。すると家康が、

「陣羽織とお聞きしたからには猶更《なおさら》拝受いたしたくお願い申しあげる。この家康が殿下（秀吉）に拝謁したからには、二度と殿下に御武具を着けさせませぬ」

と言った。

これを聞いた秀吉は大いに喜び、陣羽織を脱いで自ら家康に着せながら、諸大名に向かって「この秀吉に二度と武具を着けさせぬと家康公が言ったのを、各々方《おのおのがた》、聞か

れたか。この秀吉はよい妹婿《いもうとむこ》を迎えた果報者だ」と、大声で言った。

この二人のやり取りも、あらかじめ打ち合わせたものだった。**家康に陣羽織を所望させることで秀吉に楯突《たてつ》かぬよう、間接的に諸大名を威嚇《いかく》したのだ。**

この前後、秀吉は「関白《かんぱく》」の宣下《せんげ》を受けて「豊臣《とよとみ》」姓を授けられ、太政大臣《だいじょうだいじん》に昇った。一介の農民（足軽とも）の子として生まれた秀吉は大出世して**「関白秀吉」**となり、豊臣政権がスタートした。

信長が従五位下《じゅごいのげ》から正二位《しょうにい》になるのに十年、家康が従五位下から従一位《じゅいちい》になるのに三十六年かかっているのに対して、**秀吉は最初の叙爵《じょしゃく》からわずか八カ月で従一位関白となっている。**ウルトラスーパー・ハイスピードの官位昇進だ。

ちなみに征夷大将軍《せいいたいしょうぐん》になるには源氏または平氏の末裔《まつえい》である必要があったが、秀吉はそれに該当しないため「将軍」は諦め、代わりに「豊臣」姓を朝廷から頂いて関白の地位を得た。この段階での家康は、秀吉の天下を認めざるを得なかった。秀吉に一日《いちじつ》の長があったというべきだろう。

コラム

日本一短い戦場からの手紙

家康の古参の家臣で**本多重次**《ほんだしげつぐ》、通称「作左衛門《さくざえもん》」と呼ばれた武将がいた。忠臣であったのは間違いないが、言いたいことは家康相手でもかまわず進言し、豪胆で怒りっぽいところから「鬼作左《おにさくざ》」と綽名《あだな》された。

家康が秀吉に拝謁するため上洛していた折のこと。家康に万一のことがあった時のためにと、**鬼作左は、人質にしていた秀吉の母大政所と正室朝日姫を独断で軟禁し、建物の周りに薪《まき》を積んで、いつでも火をつけて焼き殺せるよう準備していた。**

結局、何事もなかったが、のちにそれを知った秀吉は、家康に命じて鬼作左を蟄居《ちっきょ》させている。

またある時、腫物《はれもの》に苦しんで重症に陥った家康が、どうしても医者にかからないのを見た鬼作左は、「それならばお先にあの世にてお待ち申しあげる」と言って切腹しようとしたので、「医者いらず」を自認していた家康も、さすがに折れて医者に診《み》てもらい、無事に治ったという話も伝わっている。

その鬼作左が書いた「日本一短い戦場からの手紙」と称されるものがある。

一筆啓上《いっぴつけいじょう》　火の用心　お仙《せん》泣かすな　馬肥《こ》やせ

これは鬼作左が「長篠《ながしの》の戦い」の陣中から妻に宛てて書いた手紙だとされる。「お仙」は重次が四十歳を過ぎてから生まれた大事な跡取り息子、馬は戦には欠かせないもの。自分の留守中、どちらも大切にしてほしいと妻に願っている様子が簡潔に伝わる手紙だ（「火の用心」も、もちろん大切だ）。

なお、世界史上最も短い戦場からの手紙は、古代ローマのガイウス・ユリウス・カエサル（シーザー）が送った勝利の報告「来た、見た、勝った」だとされている。

小田原征伐からの、まさかの「関東国替え」！

小牧・長久手の戦いののち、秀吉は四国の長宗我部元親《ちょうそかべもとちか》を降伏させて四国を平定し、また根来衆《ねごろしゅう》・雑賀衆《さいかしゅう》などを制圧して紀伊《きい》（和歌山県）を平定した。さらに秀吉は、関白の地位を利用して**大名間の私闘を禁じた法令「惣無事令《そうぶじれい》」を出した。**

「惣無事令」により、領土紛争においてはすべて秀吉がその処理にあたり、また、もしこれに違反して私闘を行った大名がいれば、秀吉は天皇の名のもとに征伐する大義名分を得た。「惣無事令」の効果は抜群だった。

まず、一五八七年、九州で争いをやめない島津《しまづ》氏を征伐した（**九州征伐**）。次に、一五九〇年、関東の北条氏も違反したとして秀吉自ら出陣し、相模の小田原城に向かった（**小田原征伐**）。

秀吉自らが小田原攻めのために出陣したのを見た織田信雄が、密かに家康に「北条と申し合わせて前後から挟み撃ちにすれば秀吉を討ち取れますぞ」と勧めてきたり、家臣の井伊直政《いいなおまさ》が、秀吉がわずか十四、五騎しか従えていないタイミングの時に、「今こそ秀吉を討つチャンスですぞ」とささやいてきたりした。

しかし、家康は、「秀吉公の信頼を裏切って信義を失うような卑怯《ひきょう》なまねはできない」と即座に断っている。

「天下を治めるのは運命が決めることであり、人知の及ぶところではない」との家康の言葉に、直政はただ顔を赤らめて「ごもっとも」と言うしかなかった。

前述したように徳川氏と北条氏とは和議を結び（134ページ参照）、家康は氏直に娘の督姫を嫁がせていた。できれば秀吉と北条氏とを戦わせたくない家康は、氏政《うじまさ》・氏直親子に、秀吉に従属する意思を示すために上洛するよう何度も勧めたが、

「北条氏は代々関東を統治しており、家は富み栄えている。この世に怖いものなど何もない」

こう言い放って、家康の忠告を聞き入れなかった。

家康が自ら氏政・氏直親子に対面するために出向いた時も、家康を下座に座らせた親子は上機嫌。もてなしは最高のものだったが、その折の**二人の傲慢《ごうまん》な態度を見た家康は、「北条はまもなく滅びるであろう」と予言した。**

北条征伐！　秀吉が築いた「石垣山一夜城」

一五九〇年、秀吉率いる「小田原征伐」の軍勢は二十万にも達していた。主な武将は、家康を筆頭に、前田利家、上杉景勝《うえすぎかげかつ》、毛利輝元《もうりてるもと》、長宗我部元親など錚々たる面々だ。

迎え撃つ北条氏は五万だが、どう戦うべきかを小田原城内で連日評定《ひょうじょう》した。**なんらの決定も見ないまま、だらだら続く会議を揶揄する言葉として有名な「小田原評定」だ。**結局、北条氏の戦い方は「籠城」と決まった。

難攻不落の小田原城に籠もり、周囲の支城と連携して助け合い、長期戦に持ち込む。そうすれば、そのうちに奥州《おうしゅう》（陸奥《むつ》の別称）の伊達《だて》や、もしかすると徳川が裏切って味方に付いてくれるかもしれぬ――などと甘い考えをしていた。

一方の秀吉は、まず北条氏の支城を落としていき、最後に小田原城を攻める作戦に出た。大坂を出てから約一カ月で北条氏の支城を次々に落とした秀吉軍は、ついに北条氏の本拠地、小田原城を包囲した。

ここで**秀吉必殺の「一夜城」**が出現する。

かつて「墨俣《すのまた》一夜城」（63ページ参照）を築いたことのある秀吉だが、今回は小田原方に気づかれないよう、小田原城の南西約三キロに位置する笠懸山《かさがけやま》の林の中で密かに工事を進め、城が出来上がった時点で周囲の樹木を伐採し、あたかも一夜にして城が築かれたように見せる、というトリックを使った。秀吉は「一夜」どころか、八十日間、延《の》べ四万人を動員して大工事を行っている。

籠城むなしく降伏――北条早雲以来の名門、終焉

小田原城の向かいの山に突如出現した本格的な巨城「石垣山城《いしがきやまじょう》」を見た北条方の籠城兵たちは動揺し、城内の士気は一気に低下した。

一方の秀吉は、石垣山城に大量の兵糧を運び入れ、長期戦も辞さない構えだった。さらに、**秀吉の茶の湯の師匠である千利休《せんのりきゅう》を招いて茶会を催すなど、余裕しゃくしゃくだ。**

北条氏の籠城も百日を超えた。支城はすべて陥落し、援軍の可能性はない。そろそろ頃合いと見た秀吉は、軍師黒田官兵衛《くろだかんべえ》を交渉役として小田原城に派遣し、氏政・氏直親子に降伏を勧めた。氏政は切腹、氏直は高野山《こうやさん》へ追放することが条件だった。本来であれば氏直も切腹となるところだが、家康の娘婿だったので助命された。二人はそれを受け入れ、降伏した。

家康が予言した通り、北条早雲《そううん》以来の名門北条氏(※)は、小田原征伐の結果、五代氏直で滅びることになったのじゃ。

秀吉の怒りを恐れた伊達政宗「覚悟の白装束姿」!

この小田原征伐の最中、秀吉は**伊達政宗《まさむね》**を石垣山城に呼び寄せた。奥州全域に強大な影響力を持っていた政宗を取り込むことで、奥州の他の大名たちを従わせることが目的だった。

　しかし、政宗は北条氏と同盟関係にあったため、秀吉の招集に応じるかどうか迷った。しかも、政宗の母が溺愛する政宗の弟に家督を継がせたいがために、政宗に毒を盛るという事件（なんとか未遂に終わった）などもあり、政宗の判断は遅れた。

　考え抜いた末に、政宗は北条氏との同盟は捨て、秀吉に付くことにした。しかし、いざ秀吉に会いに行く途中で「しばらくお待ちを」と足留めを命じられ、秀吉からの沙汰《さた》を待つことになる。

「ヤバい。参陣が遅れたことを咎《とが》められるのか……」

　身の危険を感じた政宗は、一計を案じた。拝謁を許された**政宗は、なんと「白装束姿」で秀吉の前に現れたのじゃ。**それを見た秀吉は、鞭《むち》で政宗の首を軽くつつきながら、

※鎌倉幕府の執権を務めた北条氏と区別するため、「後」を付して「後北条氏」、また、相模国小田原の地名から「小田原北条氏」「相模北条氏」とも呼ばれる。戦国大名の北条早雲を祖とし、戦国時代に関東を広く支配した。

「白装束とは、おぬしも役者やのお。もう少し遅れていたら、おぬしのここ（首）はなかったぞ」

と言った（この台詞《せりふ》は彦左の創作じゃ）。こうして秀吉は奥州を傘下に入れ、全国統一を成し遂げたのだった。

江戸幕府の繁栄は「関東の連れ小便」から始まった!?

天下取りに成功した秀吉は、家康の処遇を考えた。

秀吉は、家康のこれまでの領地（三河、駿河、遠江、甲斐、信濃の五カ国）を返上させ、褒美《ほうび》として北条氏が領有していた関東の地（伊豆《いず》、相模、武蔵《むさし》、上総《かずさ》、下総《しもうさ》、上野、下野《しもつけ》の一部）を与えた。秀吉は自分の本拠地である大坂から、なるべく遠いところに家康を置きたかったのだ。まさに「両雄並び立たず」といえるじゃろう。

ちなみにこの「国替え」は**「関東の連れ小便」**といわれる場面でなされた。

小田原征伐の最中、石垣山一夜城へ家康を招いた秀吉は、小田原城が見下ろせる絶景スポットに家康を誘った。そして、並んで立ち小便をしながら、

「小田原城が落ちたら関八州《かんはっしゅう》を与えよう。住むのも『江戸』がよかろう。駿河や三河はもういらんやろ」

と切り出した。突然の申し出に家康は困惑顔で、「は、はあ?」と応えるしかなかった。

まさか先祖伝来の地、三河を離れることになるとは……この時、家康は四十九歳。もし家康が江戸転封《てんぽう》を拒んでいたら、秀吉に攻撃の口実を与えてしまい、討伐されていたかもしれない。ここは「負けるが勝ち」の作戦こそが生き残る道であり、「一歩進んで二歩下がる」知恵を家康は持っていた。

さらに言えば、家康は関東に可能性を見出していた。この時点で百五十万石だった家康が、二百五十万石、いやそれ以上の可能性のある領地を得ることになるのであり、秀吉のいる大坂から遠く、未開の関東平野だったからこそ自由に設計できる。

のちの**江戸幕府の繁栄は、この「関東の連れ小便」でスタートを切った**ともいえる。

家康の決意「ここを関八州の中心地として栄えさせてやる！」

それにしても三河から江戸へ国を挙げての引っ越しとは、なかなか無茶な話だった。小田原城が落ちたあと、早々に江戸に入った家康だったが、太田道灌《おおたどうかん》が十五世紀半ばに築城したという江戸城は、荒れ果てていてまさに狐狸《こり》の棲《す》み処《か》、とても住めたものではなかった。

以前、江戸を視察に行った秀吉が泊まろうとして諦めたくらいだ。家康はとりあえず応急処置をして、なんとか住めるようにした。

普通ならこのボロボロの城を見て、かなり落ち込むものだが、家康は逆だった。江戸城は小高い丘の上に築かれた平山城《ひらやまじろ》で、目の前に海が迫り、背後には武蔵野《むさしの》の原生林が広がっていた。日比谷《ひびや》入江に沿ってさびれた漁村が点在し、江戸湾には鯨《くじら》さえ泳いでいた。

しかしそれを見た家康は、**「ここを関八州の中心地として栄えさせてやる！」**と燃

えに燃えた。

城の本丸の改修から始まり、二の丸、三の丸と増築していったが、なにせ目の前に海が広がっていてこれ以上広げられない。そこで大規模な埋め立て工事をすることにした。

神田山《かんだやま》を切り崩して日比谷入江を埋め立てることで、平地となった神田山の跡地（現・千代田区駿河台《するがだい》、文京区湯島一帯）に人が住めるようになった。この埋め立て工事は、江戸城の拡大と同時に城下町の発展という一石二鳥の効果をもたらしたのだった。

秀吉が朝鮮出兵と後継問題に時間を割《さ》いている間に、家康は昼夜を分かたず突貫工事を行い、江戸村をわずか十数年で大都市へと変貌させた。

のちに「江戸八百八町《えどはっぴゃくやちょう》」と呼ばれる江戸の繁栄の礎《いしずえ》は、こうして築かれたのだ。さすが家康じゃ!!

コラム

鉄の結束！「徳川四天王」および「徳川十六神将」

関八州を手に入れた家康は、功績のあった重臣に加増した。

特に「徳川三傑（徳川三人衆）」と呼ばれる井伊直政《いいなおまさ》、榊原康政《さかきばらやすまさ》、本多忠勝《ほんだただかつ》にはそれぞれ十万石ずつ加増した。

この三人に酒井忠次《さかいただつぐ》を加えた四人を**「徳川四天王」**と呼ぶこともある。

また、それに十二人を加え、家康に仕えて江戸幕府の創業に功績のあった十六人の武将を顕彰《けんしょう》する呼称として「徳川十六神将《じゅうろくしんしょう》」というものもある。江戸時代には家康と十六神将の姿を描いた図像が、東照宮信仰において好まれたという。

鉄の結束を誇った徳川四天王と、三河武士団の勇者を紹介してまいろう。

「徳川四天王」（五十音順）

・井伊直政（一五六一～一六〇二）

旗や武具を朱色に塗り、赤一色で統一した**「井伊の赤備《あかぞな》え」**と呼ばれる部隊の大将を務めた。直政は長槍の遣い手で、「井伊の赤鬼」と呼ばれて恐れられた。

井伊家はもともと今川家に仕えていたが、直政の父が今川家に謀反の疑いをかけられて誅殺《ちゅうさつ》されたため、直政は家康に仕えるようになった。「伊賀越え」の危機の際に家康を助け、小牧・長久手の戦いでも獅《し》子奮迅《ふんじん》の活躍をした。美丈夫《びじょうふ》で知られ、家康と関係を持ったといわれている。

新参の譜代《ふだい》であり、四天王の他の三人よりもかなり若い直政だが、異例の累進を遂げて最終的に四人の中で最も石高《こくだか》の多い所領を与えられている。家康への忠節はもとより、軍事・政治の才が抜きん出ていた直政に対して、家康は**「寡黙ではあるが頼りになる男だ」**と高く評価していた。

関ヶ原の戦いでは敵の銃弾を受けつつも奮戦したが、その傷がもとで亡くなった。子孫は彦根藩主として存続し、第十三代藩主井伊直弼《なおすけ》は幕末に大老として活躍した。

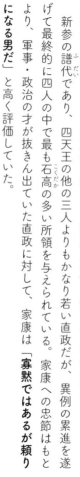

・**酒井忠次**（一五二七～一五九六）

家康の父の代から仕え、家康が竹千代と称していた人質時代にも、今川のもとで家康に侍《じ》した。家康より十六歳年上だったので、若い家康を補佐する役割を果たした。

信長や秀吉も認める才能の持ち主で「**徳川四天王**」の**筆頭**とされた。また、槍の遣い手として家康の主な戦いにはすべて参加し、第一の功臣として称えられている。半世紀以上も家康を支えた忠次だったが、家康の天下統一を見る前に病死している。

・**榊原康政**（一五四八～一六〇六）

家康に見出されて小姓《こしょう》から重臣にまでに大出世し、家康から「康」の一字を賜《たまわ》っている康政は、**家康の三大危難である**「**三河一向一揆**《いっこういっき》」「**三方ヶ原の戦い**」「**伊賀越え**」**のすべてに関わって活躍**し、家康を救っている。

特に小牧・長久手の戦いでは、「秀吉は織田家の恩を忘れた

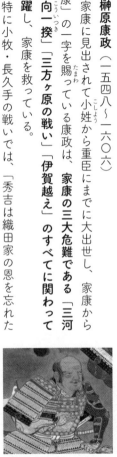

悪人だ」という檄文《げきぶん》を諸大名に送って離反を促すとともに、実戦では秀吉の甥秀次の軍勢を打ち破った。江戸転封の総奉行を務めるなど実務にも長《た》け、また能筆家としても知られ、家康の書状もよく代筆したとされる。

・本多忠勝（一五四八〜一六一〇）

十三歳で初陣《ういじん》を飾った忠勝は**「蜻蛉切《とんぼぎり》の平八郎」**と呼ばれたが、飛んできた蜻蛉が忠勝の槍にあたるや二つに切れたという逸話がある。その槍は通常のものより長く、二丈（約六メートル）もあったという。敵の打撃圏の外から電光石火の攻撃を繰り出し、急所を一撃で仕留めたため、生涯五十七回の戦いの中で一度も傷を負わなかったといわれている。

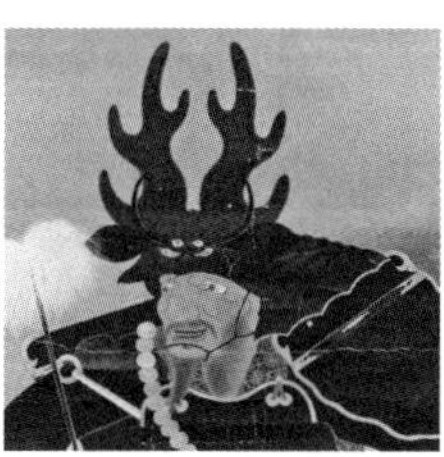

織田信長から「花も実も兼ね具えた勇士」と称えられた。本能寺の変の際に家康に「伊賀越え」を進言した。小牧・長久手の戦いでは、わずか五百騎を率いて数万の秀吉軍の前に立ちはだかって進軍を食い止め、秀吉から「東国一の勇士」と言われた。娘は真田《さなだ》信之《のぶゆき》の妻となっている（237ページ参照）。

「徳川十六神将」（五十音順）

「十六神将」としたのは、家康を、仏の仮の姿としてこの世に現れた神、つまり「権《ごん》現《げん》」とし、その仏＝家康を護る諸将を、仏教の守護神である四天王と十二神将に見立てて「十六神将」としたという説が有力だ。その大半が三河時代からの家康（松平家）の家臣で、家康と共に戦場で活躍した武将たちだ。

- **大《おお》久《く》保《ぼ》忠《ただ》佐《すけ》**（一五三七～一六一三）

彦左の次兄にあたる人物で、多くの戦に参加したが生涯無傷だったと伝わっている。

- **大《おお》久《く》保《ぼ》忠《ただ》世《よ》**（一五三二～一五九四）

彦左の長兄にあたる人物で、長篠の戦いにおいてめざましい活躍をした。

- **高《たか》木《ぎ》清《きよ》秀《ひで》**（一五二六～一六一〇）

武勇に優れ、体中傷だらけだったが、八十五年の天寿を全うした。

- **鳥《とり》居《い》忠《ただ》広《ひろ》**（？～一五七三）

三方ヶ原の戦いで敗走する際に殿《しんがり》を務め、敵と一騎討ちの末、討ち取られた。

- **鳥《とり》居《い》元《もと》忠《ただ》**（一五三九～一六〇〇）

関ヶ原の戦いで伏見城《ふしみ》（現・京都市伏見区）の留守居《るすい》となり、石田《いしだ》三成《みつなり》の猛攻を受けて討ち死に（194ページ参照）。

- **内藤正成《ないとうまさなり》**（一五二八〜一六〇二）

家康の父広忠《ひろただ》と元康《もとやす》（家康）の二代に仕えた。弓の腕に関しては並ぶ者なしだった。

- **蜂屋《はちや》貞次《さだつぐ》**（半之丞《はんのじょう》）（一五三九〜一五六四）

三河一向一揆の時、門徒だった貞次は家康に背いて一揆方に与したが、一揆が終結したあと降参し、罪を許されて再び家臣となった。

- **服部正成《はっとりまさなり》**（半蔵《はんぞう》）（一五四二〜一五九六）

通称の「半蔵」で有名。伊賀越えで家康を無事に三河へ帰還させた（124ページ参照）。

- **平岩親吉《ひらいわちかよし》**（一五四二〜一六一一）

信長に信康の切腹を要求されると、傅役の自分が被《かぶ》り自らの首を信長に差し出すことを求めた。家康と秀頼の二条城での会見の時、秀頼の毒殺を図るのにひと役買ったが、未遂に終わっている（220ページ参照）。

- **松平康忠《まつだいらやすただ》**（一五四六〜一六一八）

家康の従弟で妹婿（義弟）。家康の伊賀越えに同伴するなど、家康の近くで長く仕えた。

・**米津常春**《よねきづつねはる》（一五二四〜一六一二）
古くからの譜代で、常に家康と共にあり活躍した。

・**渡辺守綱**《わたなべもりつな》（一五四二〜一六二〇）
槍が得意で「槍半蔵」と呼ばれ、主要な戦いの大半に参加した。

蜂屋貞次と松平康忠の代わりに、次の二人とする説もある。

・**植村家存**《うえむらいえさだ》（一五四一〜一五七七）
清洲同盟の際、清洲城に赴《おもむ》いた家康の護衛を務め、家康から「『史記』の鴻門《こうもん》の会の樊噲《はんかい》を超えたぞ」と、その勇敢な護衛ぶりを褒められた。

・**松平家忠**《まつだいらいえただ》（一五五五〜一六〇〇）
鳥居元忠と共に伏見城の守備に残り、三成率いる西軍の攻撃に遭って戦死した。家忠の記した『家忠日記』は、戦国武将の生活や当時の大名の事績を知るうえで貴重な史料となっている。

朝鮮出兵——家康はなぜ力を温存できたのか

一介の足軽から天下人にまで成り上がった秀吉を陰で支えたのは、三歳年下の異父弟（同父弟説もある）の**秀長《ひでなが》**だった。温厚な性格で知られる秀長は、**豊臣政権の調整役として欠かせない人物**だったが、秀吉より七年早く一五九一年に病死した。

秀吉に異を唱えて制御できる唯一の存在だった秀長の死。このあたりから、秀吉の暴走が始まったと言っていい。日本国内を統一した秀吉の次なる目標は、海外への勢力拡大だった。戦に勝って領地を獲得し、武功に対して論功行賞《ろんこうこうしょう》をする……百年以上続く戦国武将の論理に則って考えると、天下が治まった今、次なる獲物を求めて海外に目を向けるのは当然のことだった。

この時代、中国大陸を支配していたのは「明《みん》」だった。しかし、海賊レベルの「倭寇《わこう》(※)」の貿易が盛んになり、またポルトガルをはじめとする南蛮《なんばん》貿易船が東アジアに進出して明の地位が下がるのを見た秀吉は、**「東アジア征服構想」**を抱いた。

一見無謀！　秀吉本人は「本気モード」全開！

秀吉は明を征服するための足掛かりとして、**朝鮮に対して日本への服従と、明を征服するための道案内を求めた。**しかし、朝鮮李《り》王朝の国王宣祖《ソンジョ》としては、突然日本からそんな要求をされたら断るしかない。

それに対して秀吉は朝鮮出兵を決意した。一見無謀にも思えるが、本人は「本気モード全開」。百年以上も続いた戦国時代にあって、武士人口は膨れ上がり、一五四三年に伝来した鉄砲は、日本独自の改良が加えられて五十万挺《ちょう》以上あった。

当時の日本は、世界最大規模の軍隊を持ち、世界最大の銃保有国だったというのだから、秀吉の「東アジア征服構想」は「無謀」ではなく「当然」のことだったのかもしれない。「朝鮮などは赤子《あかご》の手をひねるようなものだ。明を征服してナンボだ」と思っても不思議はない。

また現実的な話として、秀吉の指揮下には五十万人以上のプロの軍隊がいた。戦がなくなってしまうと彼らは失業状態。食い扶持《ぶち》を稼がなければ生きていけない。

秀吉は「唐入り《からいり》」を全国に宣言すると、拠点として肥前《ひぜん》に「名護屋城《なごや》」（現・佐賀県唐津市）を築き、約十六万もの兵士を集めた。秀吉は自分の地元「那古野《なごや》」（名古屋の古名）と同じ地名であることに気をよくした。ちなみにこの時、大陸遠征のための船の建造や食糧調達などは、秀吉の家来だった石田三成が担当した。

家康は渡海することなく名護屋城に在陣しただけであり、江戸の整備と発展のために力を注ぐことができた。朝鮮から遠い東国に転封されたことが家康にとって幸運だったといえる。**『徳川実紀』において、この秀吉の朝鮮出兵への評価はさんざんだ。**

「せっかく天下を統一し、万民が平和に暮らせるようになったのに、秀吉は自分の利益と欲望のために朝鮮に進出した。まったく馬鹿げた話だ。得るものは何もなく、国

※十三世紀から十六世紀にかけて朝鮮半島や中国大陸の沿岸部、および東アジア諸地域において活動した日本の海賊や私貿易を行う貿易商人に対する蔑称。

に害を及ぼすばかりだった……云々《うんぬん》」。神君家康公の立場からすれば、太閤《たいこう》秀吉は晩《ばん》節《せつ》を汚したということになるのう。

秀吉の遺言――家康の胸に去来したものは?

一五九八年、死を前にした秀吉は、家康と前田利家を病床に呼び、自分が亡きあとは我が子秀頼を中心に五大老《たいろう》五奉行《ぶぎょう》の体制で豊臣家を繁栄させるよう何度も頼んだ。

「秀頼のこと、くれぐれも頼み参らせ候。くれぐれも頼み参らせ候……」

家康はその姿を見てショックを受けた。**あの太閤秀吉も死に臨んでは惨めな哀願を繰り返す。**いずれ自らも同様の情けない姿を晒してしまうのか……。そうならないためにはどうすればよいのかを考えた。これまで必死に生きてきた五十余年の人生を振り返るよい機会だった。

家康は思った。「信長、秀吉、そして家康」この三人は一つの目的につながれた同志だったのではないか。**「日本を統一し、天下人となって戦いのない世を創る」、これこそが三人の生涯を貫く目的であり悲願**だったのではないか。だからこそ個性はまるで違っていても、戦国の世で認め合い、奇跡的に裏切らなかったのだろう。家康は、ここで初めて「三人で一人」だったことに気がついた。

家康もすでに若くはない。しかし、信長、秀吉の遺志を継ぐ者は家康以外にはない。これまで信長を兄として尊敬し、秀吉の才能を認めて仕えてきた家康だったが、ここで**自らが先頭に立つことを自覚**した。

一五九八年九月十八日、秀吉が伏見城で亡くなった。その辞世はあまりに有名だ。

露と落ち　露と消えにし　わが身かな　浪速《なにわ》のことも　夢の又夢

㊙ 露のようにこの世に生まれ落ち、露のようにはかなく消えてしまった我が身であることよ。大坂で過ごした栄華の日々は、夢の中の夢のように儚《はかな》いものだった。

享年六十三。本能寺の変から十六年。秀吉は信長のもとへ旅立った。死因は大腸癌説が有力だが、脳梅毒（梅毒性の脳膜炎）も疑われている。

コラム

「鳴かぬなら……」、三英傑のそれぞれ

柴田勝家と、お市の方の辞世の歌に詠まれたホトトギス（142ページ参照）だが、ホトトギスといえば、あの「三英傑」、信長・秀吉・家康になぞらえた有名な句がある。

鳴かぬなら　殺してしまえ　ホトトギス（信長）
鳴かぬなら　鳴かせてみせよう　ホトトギス（秀吉）
鳴かぬなら　鳴くまで待とう　ホトトギス（家康）

信長の「短気」、**秀吉の「工夫」**、**家康の「忍耐」**という特徴をよく表した句として人口《じんこう》に膾炙《かいしゃ》しているものだ。実際、この三武将の生き方を追ってみると、この句に詠まれた通りだ。

天才信長は短気がすぎて生き急ぎ、本能寺の変で明智光秀に討たれた。足軽農民から成り上がった秀吉は、人たらしであると同時に「城攻め」では天下一品、あらゆる工夫を凝らして勝利した。しかし、その秀吉も晩年は朝鮮出兵でミソをつける。

信長が一五三四年生まれ、秀吉が三年後の一五三七年生まれ、家康はさらに五年後の一五四二年生まれ（信長とは八歳差）だというのも、三人の生き方に大きな影響を与えただろう。

三十代で室町幕府を滅ぼすも、**四十九歳で散った信長**。その仇《あだ》を討ち天下統一を果たして「関白」に就任するも、幼い秀頼を遺して**六十三歳で病死した秀吉**。五十九歳で「関ヶ原の戦い」に勝利して江戸幕府を開き、豊臣家を滅亡させた**家康は七十五歳まで生きた**。結局、「忍耐」の家康が棚から牡丹餅《ぼたもち》的な勝利を手にすることになる。

織田がつき　羽柴がこねし　天下餅　座りしままに　食うは家康

……よくぞ言ったものじゃ。しかし、「座りしままに」と揶揄される家康が、そんなにラクして「天下餅」を食ったわけではないことを、この彦左が証言してまいろう。

5章

時は来た——家康の「天下取り」始動！

……乱世に終止符を！「盤石の体制」はこうして築かれた

秀吉亡きあと、「五大老筆頭」として専断！

家康と石田三成たちが
一触即発状態になるも
前田利家が仲裁
前田利家
前田利家も病には勝てず
利家を見舞う家康
見舞いに
来たよ～
お身体大切にね
この時、布団の下に刀を
隠していたが
家康を殺せなかった
残念…これからは
家康の時代になるだろう

秀吉《ひでよし》の死後、まだ六歳の秀頼《ひでより》があとを継いだ豊臣《とよとみ》政権は、あまりにも不安定だった。秀吉からあとを託された五大老《たいろう》と五奉行《ぶぎょう》の十人は、秀頼を補佐して力を合わせる素振りを見せていたが、それは表向きの話。

権力の差を比較すれば、「大臣にあたる五大老」＞「官僚にあたる五奉行」であり、五大老は「徳川家康、前田《まえだ》利家《としいえ》、毛利《もうり》輝元《てるもと》、宇喜多《うきた》秀家《ひでいえ》、上杉《うえすぎ》景勝《かげかつ》」、五奉行は「浅野《あさの》長政《ながまさ》、石田《いしだ》三成《みつなり》、長束《なつか》正家《まさいえ》、増田《ました》長盛《ながもり》、前田《まえだ》玄以《げんい》」だった。

この中で、**家康と並ぶ力を持っていたのが前田利家だった。**男性の平均身長が百五十五センチ程度だった当時、利家は六尺（約百八十二センチ）もの恵まれた体格の持ち主であり、三間半柄《さんげんまなかえ》（約六メートル三十センチ）という長槍を遣って功を挙げ、「槍の又左衛門《またざえもん》」の異名を持っていた。

ある時、近江《おうみ》の坂本城（現・滋賀県大津市）の天守に毎夜毎夜、幽霊が出るという噂を聞いた利家は、「どれ、わしが幽霊を見てまいろう」と志願して独り天守でひと晩を過ごし、次の朝、平気な顔で戻ってきた。それを見た秀吉から、その豪胆ぶりを称えられている。さすが、のちに「加賀《かが》百万石の祖」と呼ばれるようになる利家だけのことはある。

ちなみに利家は若い頃、信長の小姓《こしょう》をしていたが、細身で容貌も端正な美童《びどう》だったことから、**信長の寵愛《ちょうあい》を受けていた**。まあ、この時代「衆道《しゅどう》」（主君と小姓の間の男色《しょく》の契《ちぎ》りのこと）は武士のたしなみの一つで当たり前のことじゃ。われらが家康は後家好みだったが、そんな**家康も徳川四天王の一人、井伊直政《いいなおまさ》の美しさに魅了されて関係を持った**といわれている。

秀頼の傅役・前田利家の達観

秀吉からの信頼が厚かった利家は、秀吉亡きあと、遺言通り**秀頼の傅役《もりやく》**として大坂城の実質的な主となった。

一方、家康は自らの勢力拡大のため、伊達政宗《だてまさむね》らと婚姻政策を進めた。これは「太閤《たいこう》の置目《おきめ》（秀吉の残した法律）に背くものだ、けしからん」と、大老の毛利輝元、上杉景勝、宇喜多秀家や、五奉行の石田三成ら、**反家康派が利家のもとに集結するという騒ぎ**となった。結局、家康を除く四大老と五奉行の九人と家康とが誓紙を交わし、また利家が家康と話し合いをして和解した。

そののち、利家が病を得たので見舞いのため家康が利家邸を訪問したことがあった。この訪問は危険だと止める家臣もいたが、家康は「利家殿は信義を破る者ではない」と一笑に付して見舞いに出かけた。

病のため衣装を正すこともできない利家は、布団に入ったまま自分の亡きあとのことを家康に頼み、家康も涙を流してこれを引き受けた。

家康が帰ったあと、利家は息子利長《としなが》に向かって、

「お前が家康を殺そうと言っていたなら、わしは家康と刺し違えたものを……」

口惜《くちお》しそうにそう言って、**布団の下から抜き身の刀を取り出した**という。「これで天下は家康公が掌握《しょうあく》することになろう。お前も家康公を敬い従っていくようにな」と言い残し、ほどなく利家は病没した。享年六十二。

利家の嫡男利長は、やがて家康に帰順して関ヶ原《せきがはら》の戦いでは東軍として戦い、戦後の論功行賞で加増され、石高《こくだか》百二十万石の加賀藩が成立した。

石田三成vs.武断派――家康が見せつけた政治力とは？

家康と並ぶ力を持っていた前田利家が病死すると、状況が一変した。五奉行の一人である**文官の石田三成を中心とした勢力と、福島正則《ふくしままさのり》や加藤清正《かとうきよまさ》らを中心とした武断派勢力が激しく対立**しはじめた。

正則や清正らは、朝鮮出兵の論功行賞では何も与えられず戦功が評価されなかったのは、三成の中傷のせいだと考え、「秀吉の腰ぎんちゃくの弱虫めが!!」と三成に恨みを抱いていた。たしかに三成は兵站《へいたん》（武器や食糧の補給）などの裏方を担当しただけで、命のやり取りをする戦には出ていない。武断派とは違う形で出世してきていたので、馬が合うはずがない。

さらに**三成は「へいくゎい者」（横柄な人）と呼ばれた**ように、頭脳明晰《めいせき》がゆえに人を見下すような態度を取って嫌われていた。三成の後ろ盾となっていた利家が亡くなった今、武断派は三成の首を取りたいと考えた。正則や清正らによって討伐される危険を感じた三成は、なんと家康のところに逃げ込んで保護を求めた。

「今この危機を逃れるには、内府《ないふ》（家康）殿のご慈悲におすがりするしかない」

家康は、秀吉の時代に内大臣に任じられていたので「内府」と呼ばれていた。

家康は、正則や清正らから三成の身柄を引き渡すよう求められたが、ここは道理に従って三成に責任を取らせることにし、五奉行の地位を退かせ、政権から遠ざけることで手を打った。

これによって**家康は五大老の筆頭という立場から抜け出し、ほぼ独裁的に振る舞うことができるようになった**。しかも、江戸転封から十年の時を経て、家康の実収は二百五十万石を超えていた。これは関ヶ原の戦いで敵となる毛利輝元と上杉景勝の石高を合わせたものを上回る数字だ。五十八歳になっていた家康は、政治的にも経済的にも他を圧倒する存在になっていた。

しかし、（二十万石にすぎないけど）三成は諦めていなかった。虎視《こし》眈々《たんたん》と家康を倒すチャンスを窺っていた。しぶとい奴じゃのう。

「小利口者」三成が家康の癇に障ったワケ

石田三成といえば、**「三献茶《さんけんちゃ》（三杯の茶）」**のエピソードがあまりに有名だ。

秀吉が近江長浜城主だった頃、鷹狩りの途中にたまたまある寺を訪れ、「羽柴《はしば》秀吉じゃ。喉《のど》が渇いたゆえ、茶を所望《しょもう》したい」と言った。その時、お寺の小僧が持ってきた大きな茶碗には、ぬるい茶がいっぱい入っていた。秀吉は一気に飲み干した。

「うまいっ！　もう一服所望じゃ」

小僧が持ってきた二杯目は、一杯目に比べると少し小さめの茶碗。お茶はやや熱めで量は半分くらいだ。秀吉はそれを飲み干し、「さらに一服所望じゃ」と命じた。三杯目に小僧が運んできた茶碗は小茶碗で、お茶は舌が焼けるほど熱く、量はわずかだった。「あちちち」、秀吉はやけどしそうになり、それを心配した寺の住職が「失礼いたしました」と詫びると、秀吉は「いや、この小僧を連れて帰る」と言った。

秀吉は、この小僧の気配りに感心して長浜城へ連れ帰った。この小僧こそ、のちの石田三成だ。こうしてお寺の小僧から五奉行の一人として秀吉に引き立てられた三成は、恩義ある秀吉の遺言通り、豊臣家を守って秀頼を跡継ぎにしようとした。それゆえ、秀吉の遺言に従わず天下を取ろうと動きはじめていた家康に対して激しい反感を抱き、家康を討つ決意を固めた。

一方、**家康は三成のことを「小利口者《こりこうもの》」「人の悪口を言って取り入り、こびへつらって出世した奸臣《かんしん》（よこしまな家臣）」だと思っていた。**家康は三成に対して常に警戒を怠らなかった。

戦う前から勝負はついていた──上杉征伐と三成の挙兵

一六〇〇年六月、謀反を企てている疑いがあるとして、家康は会津《あいづ》（福島県西部）の上杉景勝を討つために東北地方に向かった。**「自分が畿内《きない》を留守にすれば三成は挙兵するはず」**……家康の思惑は当たった。

三成は家康がいなくなった隙をつき、五大老の一人である毛利輝元を総大将として大坂城へ迎え入れ、九州・中国の大名たちを招集して家康を討つための兵を挙げた。同時に景勝の家臣直江《なおえ》兼続《かねつぐ》と謀《はか》って家康を挟み撃ちにする作戦を取った。

しかし、これは家康にとって想定内。三成挙兵の知らせを下野小山《しもつけおやま》（現・栃木県小山市）で聞いた家康は、諸将を集めてこう言った。

「諸将の妻子はみな大坂にいるため気がかりであろう。大坂に戻って三成に味方したとしても決して恨んだりはせぬ。心置きなく大坂へお上《のぼ》りなされ」

これを聞いた諸将たちの間に動揺が広がった。

その時、福島正則が「妻子の情に引かれ、武士の道を踏み外すことがあってはならぬ。内府のために、身命《しんめい》を賭してお味方いたします」と言うと、黒田《くろだ》長政《ながまさ》、浅野《あさの》幸長《よしなが》、細川忠興《ほそかわただおき》、池田《いけだ》輝政《てるまさ》をはじめとして、同席した諸侯はみな家康に味方することに決めた。もちろん、これはあらかじめ**家康の命を受けた長政によって正則が懐柔《かいじゅう》されていた**からこそ出た発言だった。秀吉の子飼いだった正則が味方に付けば、諸将たちも家康に靡《なび》かざるを得ない……家康の読みはズバリ当たった。

家康は上杉征伐をいったん中止し、引き返すことに決めた。

と同時に、全国の大名たちに手紙を送り、味方になるよう勧誘を始めていた。

西軍（三成）側についている毛利氏の武将**吉川広家**《きつかわひろいえ》**や小早川秀秋**《こばやかわひであき》**にも東軍（家康）側に寝返るよう説得**している。

一六〇〇年の七月から九月にかけて家康が大名諸侯に送った書状は今残っているだけでも百八十通を超える。一方の三成の書状は五、六通にすぎない（関ヶ原の戦いののち、難を恐れて焼き捨てられたのかもしれないが）。

そもそも人望がなく、戦場での武功もない三成が、大軍を統率、指揮して勝てるのか……そう不安視されるのは当然のこと。裏切者が出るのは必然だったのじゃ。

三成は四十一歳。家康は五十九歳。

「亀の甲より年の劫《こう》」。若い頃から辛酸を嘗め、数々の戦いを勝ち抜いてきた経験の差が大きくものを言った。**戦う前から勝負はついていた**といっていい。

そうとは知らずに西軍を率いる三成は毛利輝元に出陣を求めるが、輝元は養子の秀《ひで》元《もと》を出陣させるだけで、自分は大坂城を動かなかった。総大将の輝元が積極的に動かないまま、三成を中心とした西軍は関ヶ原の戦いに臨むことになった。

コラム

「三河武士の鑑」——鳥居元忠の忠義

上杉征伐のために家康が出陣した時、伏見《ふしみ》城を預かったのは、竹千代《たけちよ》時代からの忠臣の**鳥居元忠**《とりいもとただ》だった（ちなみに、伏見城は秀吉が晩年、住居として築城した。秀吉の死後、秀頼は大坂城に移り、家康が預かって政務を執っていた）。

出陣前、家康は元忠と酒を酌み交わしつつ、

「わずかの兵しか残していけぬ。苦労をかけるのう」

と詫びると、元忠は、

「三成の大軍に包囲された時には、今の五倍、七倍の味方がいようとも落城は間違いありません。私は討ち死にする覚悟でございますから、城に兵を残すことは無駄です。天下を取るために一人でも多くの家臣をお連れください」

と答えた。それを聞いた家康は感じ入って涙し、夜が更《ふ》けるまで二人で飲み続け、

今生の別れを惜しんだのじゃ。

家康が出陣すると、そのタイミングを見計らっていた三成が挙兵し、大軍で伏見城に攻めてきた。それを予想してすでに籠城していた元忠は、三成が派遣してきた降伏勧告の使者を殺して遺体を送り返し、「降伏しろだと？　笑わせるな!!」と玉砕《ぎょくさい》覚悟で戦い続けた。

敵兵四万に対して元忠側の城兵はわずか千八百。それでも奮戦して十三日間も攻撃に耐え続けた。しかし激しい攻防戦の末ついに落城し、元忠も敵兵との一騎討ちで壮絶な最期を遂げた。享年六十二。約一カ月半後の「関ヶ原の戦い」で家康がこの仇を討つことになる。

この彦左の書いた『三河《みかわ》物語』の中で、元忠のことを**「三河武士の鑑」**と褒め称えておいた。もちろん、元忠は徳川十六神将（172ページ参照）に選ばれている。

なお、伏見城に残された元忠討ち死にの際の血染めの畳は、回収されて江戸城の伏見櫓《やぐら》の階上に置かれた。大名たちが登城するたびにそれを仰いで、**元忠の最期を思い、その忠義に思いを馳せるよう家康は取り計らった**のだ。ワシもそれを見て泣いたものじゃ。

天下分け目の一戦！「関ヶ原の戦い」

関ヶ原の戦い
戦う前から勝負はついているぞ
知らぬは三成ばかりなり
小早川め、なぜ動かん？今攻め時だぞ！味方になれば国をやると言ったのに…鉄砲を撃って催促だな
パン
家康側に寝返るか
小早川秀秋
迷ってたら撃たれた！
パン
もうやけくそだー寝返ろう！いけ～～！
あっという間に東軍の勝利 秀秋は「裏切り者」と呼ばれ2年後に病没 祟りで死んだとも…

一六〇〇年九月十五日。天下分け目の大戦、**関ヶ原の戦い**が始まった。

家康率いる東軍七万四千余、三成を中心にした西軍八万三千余、両軍合わせて十五万を超える大軍が関ヶ原（現・岐阜県不破《ふわ》郡関ケ原町）に陣を敷いていた。

この日の朝は濃い霧が立ち込め、隣の人の判別もつかない中、みな息を殺してその時を待っていた。霧が晴れてきたのを機に、東軍の井伊直政隊が西軍の宇喜多秀家隊へ鉄砲を撃ち込み、これが初陣となる松平忠吉《ただよし》（家康四男）が先陣を切ったことで、決戦の火蓋《ひぶた》は切られた。

敵味方入り乱れる中、味方を討たないように決められた東軍の合言葉は「山は山」「麓《ふもと》は麓」だった。開戦から二時間、激戦が繰り広げられた……**午前中は、三成隊や宇喜多秀家隊などの奮戦で、西軍やや優勢の状態で戦いは進む。**

正午になった。ここで南宮山《なんぐうさん》の吉川広家と毛利秀元が東軍の背後から、松尾山《まつおやま》の小早川秀秋が東軍の側面から叩けば、西軍の勝利は間違いない――三成はそう思い、狼煙《のろし》を上げた。

「今こそ背後と側面から東軍を攻撃されよ!!」

ところが、ここで三成にとって大きな誤算が生じた。

毛利隊は、家康に内応していた広家率いる吉川隊に鼻先を押さえられて動けなかった。広家は三成からのたび重なる出撃要請に対して、「これから兵の飯の時間なので……」と言って時を稼いだ。これを**「宰《さい》相《しょう》殿《どの》の空弁当《からべんとう》」**という。

また松尾山の秀秋も、家康と通じていて動かない。

一方、家康も秀秋にたびたび使者を遣《つか》わ

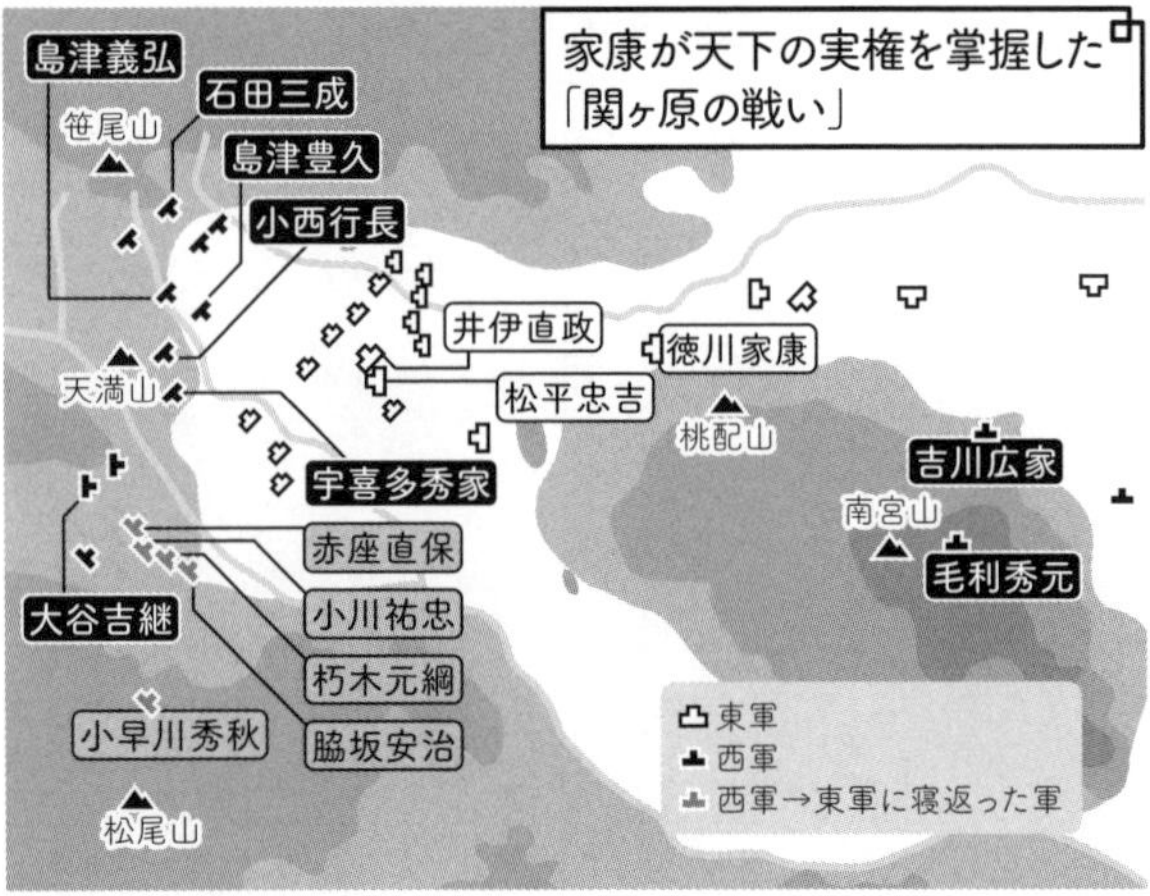

して、早く西軍を攻撃するよう求めた。秀秋の陣取っていた松尾山というのは戦場全体を見渡せる位置にあり、秀秋率いる一万五千の軍勢が、西軍・東軍どちらに味方するかによって戦況は大きく変わる。この時点で**キャスティングボートを握っていたのは秀秋**だった。

秀秋は、家康から「味方をすれば二カ国差しあげよう」という甘い餌《えさ》をちらつかされて東軍に寝返る約束をしていたのだが、もともとは西軍……「裏切者呼ばわりされるのも嫌だけど、負けるのはもっと嫌だな。うーん、どっちに付こうかな」と、自分勝手なことばかり考えていた。

キャスティングボートを握る男・小早川秀秋の裏切り

この秀秋という男は、秀吉の義理甥（北政所《きたのまんどころ》の兄の子）というだけで大名に取り立てられた男にすぎない。そんな男が、この天下分け目の戦いのキャスティングボートを握ることになろうとは、神様もいささか意地が悪い。

小物中の小物、小心者中の小心者である秀秋を動かすにはどうしたらよいか……家康はひらめいた!!

「小早川のやつ、まさか裏切るつもりではあるまいな。かくなるうえは、鉄砲を撃ち込んで催促するしかないわ」

家康は、松尾山の小早川隊に向かって鉄砲を撃ち込ませ、出陣の催促をした。

案の定、秀秋はその威嚇《いかく》射撃に恐れをなした（本当のところは、誰から鉄砲を撃ち込まれたのかわからなかったと思うのだが）。

ともかく意を決した秀秋は色めき立って山を下り、西軍の**大谷吉継**《おおたによしつぐ》の隊に攻め込んだ。秀秋の裏切りを見た西軍の脇坂安治《わきざかやすはる》、朽木元綱《くつきもとつな》、小川祐忠《おがわすけただ》、赤座直保《あかざなおやす》の四部隊も東軍へ寝返った。合わせて約二万もの兵がここで東軍側に付いた。

これでパワーバランスが完全に崩れた。

それまで善戦していた西軍は総崩れに。野戦（陸上戦）では兵の数がものを言う。最後まで善戦していた**島津義弘**《しまづよしひろ》は、意地を見せて東軍の正面を突破し、退却した。

夕刻までには勝敗は決した。西軍の総大将毛利輝元は結局、大坂城を動かないまま、敗戦を迎えることになった。

終わってみると**西軍で本気になって戦ったのは、石田・大谷・小西・宇喜多・島津勢くらい**であり、実数では東軍の半分くらいだ。さらに小早川らが裏切ったのだから、西軍はたまったものではない。

家康が恐れていた豊臣秀頼の出陣はなく、朝廷より戦勝祝賀の勅使《ちょくし》を迎える栄誉に浴した。建前上ではあるが、家康は「豊臣家の家臣として賊軍を討った」という正義の御《み》旗《はた》のもとで勝利した、というお墨付きをもらえたのだ。

戦後の論功行賞で小早川秀秋は備《び》前《ぜん》岡山五十一万石に加増・移封された。しかし、**恩義ある豊臣家と西軍方を裏切った秀秋を、世間は嘲笑《ちょうしょう》した。**

卑怯者という汚名を着せられて心を病んだ秀秋は、アルコール依存症に陥って内臓をやられ、関ヶ原の戦いからわずか二年後に二十一歳の若さで急死した。関ヶ原の戦いで秀秋の裏切りに遭って自決した大谷吉継の祟りだ、という話も伝わっている。因果応報とはこのことじゃ。

秀吉への義を貫いた三成に「敵ながらあっぱれ」

西軍の旗色が悪くなると、三成は早々に戦場を離脱して伊吹《いぶき》山中（滋賀・岐阜県一帯）へと敗走した。再起を図るつもりだったのだが、逃げきれず捕らえられた。

三成と最後の対面をした家康は、秀吉の生前の恩に報いるために兵を挙げた三成の姿を見て胸を熱くした。多くの大名たちが家康の提示する褒美につられて豊臣側を簡単に裏切る中、秀吉への「義」を貫いた姿勢に、**「敵ながらあっぱれ」**と思う気持ちが湧き上がってきた。

きこりの姿に変装し、みすぼらしい衣を着ている三成を見た家康の家臣たちは、「そうまでして逃れようとするとは情けないことだ」と罵《ののし》った。しかし家康は、

「人は生き抜いてこそ、何事も成し遂げられるものだ、大望を思う人にとって一日の命も大事である。それは未練ではない。早く衣服を与え、十分な食事を差しあげよ」

と言って、三成を丁重に遇した。

三成は十月一日に、小西行長《こにしゆきなが》らと京都六条河原にて斬首《ざんしゅ》されることが決まった。

六条河原の露と消えた三成の驚きの血脈

三成の処刑前日のこと。「最後に何かご所望は」と尋ねられた三成は、「白湯《さゆ》が飲みたい」と答えた。「あいにく白湯は手配できないのですが、柿はあります。いかがですか」と言われた三成は、

「柿は体に悪い」

と断った。それを聞いた徳川の武将たちが思わず冷笑を浮かべるのを見た三成は、

「そうかそうか、明日までの命であったのう」と言ったが、そのあと泰然として、**「じゃがのう、大志を抱く者は最期の時まで命を惜しむものだ」**と言った。

次の日、六条河原の露と消えた石田三成、享年四十一。辞世の歌は、

筑摩江《つくまえ》や　葦間《あしま》に灯《とも》す　かがり火と　ともに消えゆく　わが身なりけり

㊙ 筑摩江（琵琶湖東北端の入江）に生えている葦の間から、琵琶湖の夜の漁のために灯されたかがり火が見える。そのかがり火が朝には消されるのと同じように、処刑されて消えていく我が身なのだなぁ。

三成の死後、その嫡男重家《しげいえ》の処遇をどうするかで家康は迷った。敵方大将の嫡男なので殺すのが当然だが、重家はまだ十代の若者。しかも重家は父三成の死を知ると、自ら剃髪《ていはつ》して仏門に入り家康に恭順《きょうじゅん》の意を示していた。

困った家康は側近の**本多正信《ほんだまさのぶ》**に相談した。すると、**「重家の父三成は徳川家によき奉公をした者ですから、その子の一人や二人は赦免しても、なんの問題もないでしょう」**と、思いもかけない返事が返ってきた。家康が「三成がわしに奉公したとはどういうことか？」と訊《たず》ねると、正信は、

「三成は勝てもしないのに西国大名を束ねて戦を起こしました。そのおかげで日ノ本六十余州はすべて徳川家に服することになったのです。三成は徳川家の大忠臣でございます」

と説明した。家康は笑いながら「ものは言いようだの」と応え、重家を赦免したという。その重家は百歳を超えるまで生きた。

なお、三成の次女の子孫は尾張《おわり》徳川家に嫁いだ千代姫《ちよひめ》（家康は曽祖父、三成は高祖父）の血筋に連なり、さらに九条《くじょう》家、二条家を経て**今上天皇に三成の血を伝えている**

……すごい話じゃ。

ついに「天下人」に！
改易・減封・加増はやりたい放題！

関ヶ原の戦いで西軍を破った家康は、西軍の総大将毛利輝元を大坂城から退去させ、無血入城を果たした。**建前として豊臣秀頼と淀殿《よどどの》は関ヶ原の戦いには無関係とし**、家康はあくまで豊臣家の五大老の筆頭として大坂城で政務を執った。しかし、実質的には家康の独裁だった。

西軍大名からの没収領地は六百三十二万石にも達した。太閤検地《たいこうけんち》の頃の日本の総石高は約千八百万石なので、家康は関ヶ原の戦いでその三分の一を手にしたことになる。

・**改易**《かいえき》（領地を没収し身分を剝奪《はくだつ》）……石田三成・小西行長など

・減封《げんぽう》（所領や屋敷の一部を削減）……毛利輝元・上杉景勝など

三成、行長は、斬首されたうえに領地は没収された。

輝元は「領国安堵《あんど》」を条件に大坂城を撤退したが、結局、西軍の総大将としての責任を取らされた。中国九カ国の所領のうち七カ国を取り上げられ、周防《すおう》・長門《ながと》（山口県）に押し込められた。景勝も百二十万石から米沢藩《よねざわ》（現・山形県南部）三十万石へと大減封された。

さらに、**豊臣家の領地も摂津《せっつ》・河内《かわち》・和泉《いずみ》（大阪府）の三カ国に限定**され、二百二十万石から六十五万石の一外様《とざま》大名に転落させられた。

一方、東軍諸将には大幅な加増で報いた。池田輝政（十五→五十二万石）、黒田長政（十八→五十二万石）、福島正則（二十→五十万石）などなど……中でも利家の嫡男前田利長は、八十三万石から一気に百万超えの百二十万石だ。この大盤振る舞いには理由があった。まだ残っている豊臣恩顧《おんこ》の諸将たちに加増することで、家康に対して反旗を翻《ひるがえ》させないよう加恩《かおん》で縛ったのだ。このあたり、家康は策士よのう。

もちろん家康自身も二百五十万石から四百万石へと大幅増を果たした。また全国の主要な金山・銀山、さらに堺《さかい》などの港も手に入れた家康は、完全に一強状態となった。

秀忠の「関ヶ原の戦い遅参」に家康は……

さらに特別な待遇を得たのは、「徳川家一門」だった。

家康の次男結城秀康《ゆうきひでやす》、四男松平忠吉、家康の娘婿蒲生秀行《がもうひでゆき》、娘婿奥平信昌《おくだいらのぶまさ》の加増は戦功があったのでまだ理解できるが、五男の武田信吉《たけだのぶよし》に至っては、江戸城で留守居をしていただけで十万石以上の加増なのだから、ひいきといわれても仕方がない。

ちなみに、のちに**二代将軍となる三男の秀忠《ひでただ》は関ヶ原の戦いに遅参《ちさん》**（到着したのは終戦後）という大失態を演じたが、これには理由があった。

信濃《しなの》の上田城を攻めている途中、一度は助命を懇願してきた真田《さなだ》軍が態度を変えて挑発してきたので戦うことになって苦戦し、また関ヶ原に向かう途中、大雨で川が増水したりして行軍が思うに任せなかったのだ。

怒って秀忠に会おうとしない家康に対して、徳川四天王の一人である**榊原康政《さかきばらやすまさ》**が「反省しているご子息秀忠殿に会わないとは、度量が狭いですぞ」と、家康に詰め寄り間を取り持って、なんとか事は穏便にすんでいる。

実は、三男の秀忠が一六〇五年に二代将軍に就任するまでには、ひと悶着《もんちゃく》あった。家康の長男信康《のぶやす》が自刃し亡くなっている以上、年齢順でいえば二代将軍になるのは次男秀康のはずだった。しかし、家康は迷っていた。理由は三つあった。

①秀康は養子（実質は人質）として秀吉のもとに送られ育ったこと（149ページ参照）。
②母の身分が三男秀忠のほうが上であったこと。
③**家康が「秀康は本当に自分の子なのだろうか」と、その出生を疑っていたこと。**

特に③については、秀康の母於古茶《おこちゃ》（於万《おまん》の方）が奔放な女性だったので、秀康が本当に自分の子なのかを疑った家康が、しばらく認知しなかったくらいだ。

家康はどちらを跡継ぎにすべきか重臣たちに尋ねたが、意見は割れた。そこで独断で三男秀忠を跡継ぎに決めた。やや消去法的な理由で将軍となった秀忠だが、必死に努力している姿が『徳川実紀』に描かれている。

ある時、秀忠の名代《みょうだい》として、本多正信が家康のご機嫌伺いに行った時、家康から

「わしは戦ばかりしていて無学なまま年を取ってしまったが、常に心に留めている二つの言葉があるので教えておく」と言われて、

「足ることを知って足る者は常に足る」

「仇《あだ》をば恩を以《もっ》て報ずる」


という老子《ろうし》の言葉を教えられた。

正信がそれを秀忠に伝えたところ、**秀忠はすぐさま硯《すずり》で墨を磨《す》り、自らその二文を揮毫《きごう》し、壁に糊《のり》で貼って毎日見ていた。**さらに三代家光《いえみつ》は、父秀忠のこの書を掛け軸に仕立てて床の間に掛け、大事にしたという。

最初の言葉はいわゆる「知足《ちそく》」と呼ばれるもので、「自らの分《ぶん》をわきまえて、それ以上のものを求めないこと」、次の言葉は「ひどい仕打ちを受けても恨むことなく、かえって恩に感じて情けをかける」という意味だが、これはなかなかできることではないのう。

征夷大将軍に任命！源頼朝に倣って江戸幕府を開く

関ヶ原の戦いのあと、一六〇三年に**征夷大将軍《せいいたいしょうぐん》に任命され江戸幕府を開いた家康**は、江戸城をはじめ、各地の城の建設やインフラの整備を全国の大名に請《う》け負《お》わせる**「天下普請《てんかぶしん》」**を行った。この工事は主として豊臣家に仕えた「外様大名」に命じてやらせた。徳川家の権力を誇示、強化するとともに、**大名たちに多大な出費を強《し》いて勢力を弱体化させる**という目的もあった。

城の石垣づくりを命じられた大名たちは、石の産地である伊豆《いず》（静岡県伊豆半島）や、遠くは瀬戸内海の島などから石を切り出し、二百万個ともいわれる大量の岩石を船に載せて江戸まで運んだ。

現在も残る江戸城の石垣をよく見ると、さまざまな印や文様が刻まれているが、これは石を運んできた大名の刻印だ。苦労して運んだ石を盗まれたり、他家のものと混同したりすることを避けるために刻んだものといわれている。

江戸城の築城の指揮を任されたのは、築城の名人といわれた**藤堂高虎**《とうどうたかとら》だった。高虎は何重にも堀を巡らせ、鉄壁の防御システムを作りあげた。堀は防御だけでなく、物資や人を船で運ぶ水路としても活用された。

この藤堂高虎という武将は、浅井《あざい》長政《ながまさ》の足軽から始まり、豊臣秀長・秀吉、家康など七人の主君に仕えながら出世した人物だ。それだけに「処世術の名人」「変わり身の達人」、果ては「密告の人」とまで称されたが、**加藤清正、黒田官兵衛と共に「築城三名人」**の一人としても知られ、生涯で十五カ所以上の築城に携わったといわれている。家康からの信頼も厚く、外様大名で唯一、家康の今際《いまわ》の時に立ち会うことを許されている。その時家康が、

「死後は天海《てんかい》と高虎と共に眠りたい。わしは来世で権現となるので、天海と高虎は、わしの左右にあって徳川家の守護となれ」

と言い遺したので、江戸上野《うえの》と日光《にっこう》の東照宮《とうしょうぐう》には「家康、高虎、天海僧正《そうじょう》」の三人の像が奉られている。この両東照宮の造営にも高虎は関わっている（天海については245ページ参照）。

高虎は七十五年の天寿を全うしたが、その遺体を清めた者は**高虎の身体を見て驚いた**。身体中傷だらけで、手足の指に至っては何本かちぎれ、爪のない指も多かったという。生涯を戦の場に身を置いた男の勲章といえるじゃろう。

本領発揮！「大御所」として諸大名に目を光らせる

天下分け目の一戦、関ヶ原の戦いに勝った家康だが、真の目的は西軍に勝つことではなく「天下統一」だった。家康の本領は、これ以降発揮されたと言っていい。

武士の最高権力者として征夷大将軍に任命された家康は、鎌倉幕府の準公式記録である『吾妻鏡《あずまかがみ》』を愛読しており、尊敬する源頼朝《みなもとのよりとも》が征夷大将軍になって最初の幕府を開いたことから、家康もそれに倣ったといわれている。

一六〇五年、家康は江戸幕府を開いてからわずか二年で将軍職を秀忠に譲り、自らは**「大御所《おおごしょ》」**となった。豊臣家は、秀頼が成長すれば政権を返してもらえると思っていたが、家康はそのつもりはないことを示すために、秀忠に将軍職を譲った。**江戸幕府の将軍職は代々徳川家の世襲である、と諸大名に知らしめた**のである。

一六〇七年、家康は駿府《すんぷ》城（現・静岡市）に移った。駿府は少年時代、今川《いまがわ》氏の人質として過ごした思い出深い土地だった。大御所になっても家康は秀忠を通じて政治に関わり、全国の大名を統制した。いわゆる「大御所政治」だ。

家康は関ヶ原の戦いを境として、全国の大名を「親藩《しんぱん》・譜代《ふだい》・外様」に分類し、二百数十の藩の配置を決めた。

「親藩」とは、徳川氏の一族で原則として「徳川」ないし「松平」の姓を名乗る大名。
「譜代」とは、関ヶ原の戦い以前から徳川氏に仕えていた一万石以上の大名。
「外様」とは、関ヶ原の戦いののちに徳川氏に帰属した大名。

重要な地域には親藩や信頼できる譜代大名を置く一方、外様大名は江戸から離れた遠方の地に置き、簡単に反乱を起こせないようにした。

幕府は、全国の土地を幕府領（天領）と大名領（藩）とに分け、大名にはその領地と人々を直接支配する権限を与えた。大名は幕府の命令に従い、将軍に忠誠を尽くした。このような主従関係をもとに、**幕府と藩とで全国の土地や人々を支配する仕組みを「幕藩体制」と呼び、三代将軍家光の頃までに確立された。**

「将軍となる心構え」と「臣となる心構え」

ちなみに『吾妻鏡』を読み込んでいた家康は、兄弟の争いから家運が傾くこともよく知っていた。それを示すエピソードがある。

駿府で大御所政治をしていた家康が江戸に出向いたことがあった。それは**将軍家の嫡子《ちゃくし》・庶子《しょし》を正すため**だった。

大御所の家康を迎え、二代将軍秀忠をはじめ孫の竹千代《たけちよ》（家光）と国千代（忠長《ただなが》）、将軍家のみなが緊張して江戸城に集まる中、家康は着座すると、「竹千代殿こちらへ、こちらへ」とニコニコしながら手招きして、自分に近い上段に座らせた。まだ幼い弟の国千代が、何もわからず同じく上段に登ろうとすると、家康は、

「しっしっ‼　畏れ多いことだ。国千代は下じゃ」

と冷たく言い放って下段に座らせた。また、家康がお菓子を勧めた際も、「まず竹千代殿が先に食べてから、あとで国千代へも与える」と厳しく諭した。

「幼い時から嫡子と庶子との区別をつけておくことは、竹千代のためであると同時に国千代のためでもある。成長して竹千代を守る臣となる心構えを早くから身につけさせるべきだ」

そう考えた家康は、わざわざ駿府から江戸に赴いたのだった。

もちろん、こうした家康の行動には裏があった。

二代将軍秀忠と正室お江《ごう》（143ページ参照）には、長男竹千代と次男国千代の二人の男子がいた。秀忠とお江は、病弱な竹千代より元気な国千代のほうを寵愛したので、周りの者たちは弟の国千代が次の将軍になるのではないかと噂した。

これに危機感を抱いた**竹千代の乳母《めのと》の春日局《かすがのつぼね》（福《ふく》）が、駿府に赴いて家康に直訴した**結果、家康が江戸に出向いて嫡子・庶子の区別を明確にしたのだ。家康のこの振る舞いを見た秀忠とお江は何も言えず、竹千代を世継ぎに決め、のちの三代家光となる。

徳川安泰の世を脅かす豊臣秀頼の力をどう削ぐか？

二条城に参上した秀頼は立派に成長していた
祝着至極に存じます
豊臣秀頼
あ、ああ
ムムム…デキる男のオーラだ
これは早めに叩いておかないとな…
毒殺を狙うも死んだのはこの2人だった
加藤清正
平岩親吉
っていうのはあくまで噂
毒殺なんて計画してないよ

一六一一年、家康も気づけば、もう七十歳になっていた。

信長はもとより、秀吉が亡くなった年齢をもとっくに超えた家康は、自分の老い先が短いことを意識しはじめた。一番心配なのは「豊臣家」のことだった。

御所柿《ごしよがき》は　独り熟して　落ちにけり　木の下に居《い》て　拾ふ秀頼

㊦大御所（家康）は勝手に年を取って死ぬだろう。それを待って次に天下を取るのが秀頼だ。

これは京都の町に見られた落首《らくしゆ》（時の権力者に対する批判や風刺を込めて詠んだ匿《とく》名《めい》の戯歌《ざれうた》）だ。この落首を報告された家康は、「放っておけ。わしが知って、なるほどと自戒することもあろうから、禁止してはならんぞ」と鷹揚《おうよう》なところを見せたが、**内心は穏やかではなかった。**

関ヶ原の戦いで豊臣家は一大名の地位に落ちていたが、淀殿と秀頼はいまだ天下の名城大坂城に健在であり、肥後《ひご》（熊本県）の加藤清正などをはじめ、全国に豊臣シンパも多い。秀吉の残した莫大な財力を使って反乱を起こすやもしれぬ。

それを牽制するために、秀吉の遺言に基づき**二代将軍秀忠の娘千姫《せんひめ》を秀頼に輿入れさせた**。これで家康の孫娘婿となった秀頼だが、まだ信用ならん……家康の頭に疑心暗鬼の念が湧き上がってきた。

「ここは秀頼本人と直接会って確かめねばならぬ」

二条城で秀頼と対面！　家康の胸の内に黒い雲が……

京都の二条城に赴いた家康は、秀頼に「会いに来るように」と文書を送った。秀頼の母淀殿はまだ家康を秀吉の家来とみなしていたので、家康が秀頼を呼びつけることに対して「失礼だ」と怒って何度も断ったが、周りの説得もあり、結局秀頼は二条城へと向かうこととなった。

「祝着至極《しゅうちゃくしごく》に存じます」

「嬉しいこと、この上ありません」……十九歳になった秀頼が二条城で家康に拝謁し、最初に発した言葉だ。会見は終始和やかな雰囲気で行われ、二人はお互いに刀を贈り合って別れた。

しかし、実はこの会見の裏で「秀頼暗殺未遂事件」が起きていたのだ。**家康は秀頼の毒殺を狙っていた**。徳川十六神将の一人、平岩親吉《ひらいわちかよし》が家康の意を受けて遅効性の毒を含ませた饅頭《まんじゅう》を秀頼に勧めた。この時、秀頼を安心させるために（死ぬ覚悟で）自ら毒見したうえで勧めている。

秀頼は毒殺を恐れ、食べるふりをして難を逃れたが、秀頼に付き添っていた加藤清正は毒饅頭を食べ、肥後への帰国途中の船内で発症し、急死している。また親吉も会見から九カ月後に死去した。

この**「毒饅頭暗殺説」**はあくまで巷間《こうかん》ささやかれた噂の域を出ないが、のちに歌舞伎の題材にもなった（清正の死因としては梅毒やハンセン病説などもある）。

ともかく、立派に成人した秀頼を見た家康は危機感を増し、一刻も早く討たねばならないと決意した。もはや手段を選んでいる時間はない。

方広寺の梵鐘事件――「黒衣の宰相」の悪知恵

当時豊臣家は、家康の勧めで秀吉の追善供養《ついぜんくよう》として畿内を中心に寺社の修復・造営を行っていた。これは豊臣家の財力を蕩尽《とうじん》させる意図があった。豊臣家が修復や造営を行った寺社の中に、秀吉が建立《こんりゅう》した**方広寺大仏殿**《ほうこうじ》（現・京都市東山区）の再建があった。大地震で崩れてしまっていた方広寺の再建工事が完了し、あとは大仏開眼供養《かいげんくよう》を待つばかりという時に、家康サイドから突然、供養の延期が命じられた。

方広寺の梵鐘《ぼんしょう》に刻まれた銘文、「国家安康《こっかあんこう》」「君臣豊楽《くんしんほうらく》」に家康呪詛《じゅそ》の意図あり!!

「国家安康」は「家康」の二文字を分断するものであり、「君臣豊楽」は豊臣が栄えることを示している、「けしからん」と、いちゃもんをつけられたのだ。これは家康の側近だった僧侶、**金地院崇伝**《こんちいんすうでん》（以心《いしん》崇伝）が悪知恵を絞って考え出したものだった。

崇伝は家康の右腕として江戸幕府の礎を築き、「黒衣の宰相《さいしょう》」の異名をとったほど

方広寺の梵鐘。"黒衣の宰相"金地院崇伝の悪知恵によって「国家安康」「君臣豊楽」の銘文にいちゃもんがつけられた

の人物、つまり悪知恵が働くタイプだった。キリスト教の禁止や、寺院諸法度《じいんしょはっと》、武家諸法度《ぶけしょはっと》、禁中並《きんちゅうならびに》公家《くげ》諸法度《しょはっと》を起草したといわれている。

秀頼も淀殿も寝耳に水というか、ヤ●ザに因《いん》縁《ねん》をつけられたような理不尽さを覚えたに違いない。

足掛け五年、莫大な財貨を費やした再建工事がやっと終わって、あとは大仏の開眼供養を待つばかり、というタイミングでの突然の延期命令。

しかもどう見ても「言いがかり」だ。ここで延期しては、豊臣家の威信回復どころか大恥となる……。

淀殿に揺さぶり！　知恵者の片桐且元を引き剥がす

豊臣家の使者として家康のもとに向かったのは家老の**片桐且元**《かたぎりかつもと》だったが、どう弁明しようとも家康は聞く耳を持たない。それどころか、秀頼は浪人たちを集めて謀反を企てていると疑われ、「豊臣家の大坂からの転封《てんぽう》、もしくは秀頼か淀殿が人質として江戸に下向すること」という無理難題を突きつけられてしまう始末。

大坂城に戻った且元は、それをそのまま伝えたものだから、さあ大変。秀頼や家臣たちは「舐めるな、タヌキ親父!!　目にもの見せてやる」と主戦論が大半を占め、返す刀で弱腰の且元に非難を浴びせた。

心配した淀殿は、側近の大蔵卿局《おおくらきょうのつぼね》の他二人の侍女たちを家康のもとに派遣し、「方広寺の梵鐘銘文の件、淀殿と秀頼母子はまるで存じませんでした」と弁明させたところ、家康はそんな話は忘れたかのように愛想よく振る舞い、淀殿の体調を心配したり秀頼公を褒めそやしたりして、**本心がわからぬよう豊臣方をかく乱する作戦に出た。**

且元と家康とは口頭のやり取りだけで、証拠としての文書などはなかった。淀殿は、派遣した三人の話と且元の持ち帰った話とが、あまりに違うことに疑問を持った。そして、「且元が報告した無理難題は、豊臣家を潰すために彼自身がでっち上げたもので、且元は徳川方に通じているのではないか」と疑いはじめた。

実はこの且元、豊臣家の直参《じきさん》家臣としてなかなか優秀な人物で、関ヶ原の戦いにおいても三成を信用せず、秀頼を大坂城に留まらせて様子見させた知恵者だ。今回の件でも、豊臣家の存続のためには無理難題でも飲むべきだと訴えていた。

且元の存在は、豊臣家を潰そうと考えている家康にとって目障《めざわ》りだった。そこで**且元と豊臣家とを切り離すために、わざと且元の立場を悪くさせたのだ。**

結局、且元は淀殿の信頼を失って暗殺されそうになったため、ほうほうのていで豊臣方から逃げ出し、徳川方に転じた。家康の策略は見事に成功した。

使者である且元の放逐《ほうちく》は幕府の出した条件を無視する行為、つまり反逆だという口実のもと（これまた無茶な理屈）、**一六一四年十月、家康は豊臣家征討の号令を発した。**さすが家康、やり方が堂に入っている。すっかりタヌキ親父と化しとるのう……。

大坂冬の陣――老獪な家康の奸計！

淀殿
家康って いちゃもんばっかり もう許せないわ
豊臣家のプライドを かけて戦うわよ
大坂城なら 籠城作戦で 勝てるわ
…って 思ってたけど 大砲が凄いわ～ ムリ～
ドカーン
ドーン
和議よ 和議～
あ～れ～
和議を結んだものの 堀をすべて埋められ、大坂城は丸裸同然に…

家康の奸計《かんけい》にはまった形の豊臣方だが、ともかく戦の準備に着手した。秀吉の遺した莫大な金銀を用いて浪人衆を全国から集めて召し抱えたが、**秀吉に恩義があるはずの諸大名で大坂城に馳せ参じる者はほとんどなかった。**もはや秀吉は過去の人だった。

しかしアンチ家康の武将や、関ヶ原の戦いで敗れ、ここでリベンジして一旗揚げたいと集まった浪人を合わせた**豊臣方の総兵力は約十万人**にものぼった。特に「五人衆」と呼ばれた歴戦の強者《つわもの》、明石全登《あかしてるずみ》、後藤又兵衛《ごとうまたべえ》（基次《もとつぐ》）、真田幸村《さなだゆきむら》（信繁《のぶしげ》）、長宗我部盛親《ちょうそかべもりちか》、毛利勝永《もうりかつなが》は心強い味方だった。ただ、いかんせん寄せ集めの烏合《うごう》の衆にすぎないうえ、いざ戦う段になると豊臣軍内部は二つに割れた。

一つは、豊臣家宿老《しゅくろう》の**大野治長**《おおのはるなが》を中心とする**籠城派**。大坂城に立て籠もり、徳川軍を疲弊《ひへい》させて有利な講和を引き出そうという方針である。なにせ秀吉が築いた大坂城は三国無双の名城。一年や二年の籠城に耐えるだけの準備もしてある。

これに対し浪人衆の一人である**幸村**は、「大坂城から出撃してまず京を制圧し、近江の瀬田川で徳川軍を迎え撃つ」という**積極策を提案**した。

この二案の選択の決断を下したのは淀殿だった。

「太閤殿下がお造りになった大坂城が落ちるはずはありませぬ。籠城策でまいりましょう」

……痛い、痛すぎる、幸村は呆れ返った。「戦のことなど何もわかってないメギツネ（失礼!!）が何を言っているんだ」。

籠城は安全策のように思えるが、実は自滅への道以外の何物でもない。徳川方との戦力差は明らかで、援軍が期待できない以上、一か八かの賭けに出る以外、豊臣家が勝つ道は残されていないのを、淀殿はわかっていなかった。

ただ、淀殿が決断した以上、もはや仕方がない。「籠城策」でいくしかない。**幸村は「南からの攻撃に弱い」という大坂城の弱点を見抜いていた。**そこで幸村は、その弱点補強のために出丸《でまる》（城から張り出して造った区域）を築いた（のちに**「真田丸」**と呼ばれた）。そこで家康軍の侵攻を防ごうという作戦だ。

その規模は、南北約二百二十メートル、東西約百四十メートル（南北約二百七十メートル、東西約二百八十メートルという説もある）、周りを堀が囲み、さらに三重の柵が設置された。背後には幅二百メートルにも及ぶ深い谷があり、幸村は、真田丸がたとえ落とされたとしても、背後の谷が大坂城を護り続けてくれると見越して、この場所に真田丸を築いた。

「真田丸」で迎え撃つ真田幸村の挑発

一方の家康は京の二条城に入り、二代将軍秀忠と合流して作戦会議を行った。**幕府軍は約二十万、伊達政宗や前田利常《としつね》（利家の四男）もいる。**負けるはずがない。

「わしも年を取り、このまま畳の上で死ぬのは心残りだと思っていたが、再び戦場に赴けるのは喜ばしい限りだ」

「知将」真田幸村が大坂城の南に築いた真田丸からの攻撃に幕府軍は大打撃を被った。写真は真田丸のジオラマ

と勇ましく言ったものの、幸村が豊臣方に付いたと聞いた家康は動揺した。実は、かつて上田合戦で幸村の父昌幸《まさゆき》に返り討ちに遭うという痛い経験をしていたのだ。息子の幸村も「知将」と聞いている。家康は慎重の上にも慎重を期することにした。

一六一四年十一月、戦いが始まると、数に勝る幕府軍が豊臣方の砦を次々に突破し、二十万の軍勢が大坂城を包囲した。

幸村は六千の兵と共に、**真田丸で幕府軍の攻撃を待ち構えた**。

しかし、真田丸への攻撃を命じられた前田隊は警戒して動かない。そこで幸村は「やーい弱虫野郎。かかってきやがれ」と言葉で挑発した。これに怒った前田隊は真田丸に押し寄せたが、まさに「飛んで火に入る夏の虫」。幸村軍の一斉射撃を浴びて大打撃を受けてしまう。これを見た家康は勝手な行動を慎むよう命じ、隊を退かせた。

"三国無双の名城"も堀を埋め立てられ丸裸同然!

接近戦は不利と見た家康は、用意した**大筒《おおづつ》（大砲）で遠距離から大坂城を攻撃**した。当時の大砲の弾《たま》は炸裂《さくれつ》するものではなくただの鉄球で、あくまで「こけおどし」にすぎなかったが、昼夜を分かたず鳴り響く轟音《ごうおん》に淀殿は精神的に追い詰められ、また砲弾が本丸御殿を直撃して実害が出たことで恐怖にかられた。

この時用いられた大砲の中で、カルバリン砲は射程距離が六千三百メートルもあり、遠く構えた家康の陣から発射しても外堀・内堀を越えて天守閣に達するものだった。

怖じ気づいた淀殿は和議を申し出た。

交渉は、豊臣方は淀殿の妹常高院《じょうこういん》（初《はつ》）、幕府側は本多正純《まさずみ》と家康の側室阿茶局《あちゃのつぼね》（111ページ参照）が担当した。家康は豊臣方の処分はなしで、ただ「真田丸の解体と大坂城の惣堀《そうぼり》を埋め立てる」という条件だけが示された。しかし、これこそが家康の罠だった。

豊臣方は「惣堀」というのは「外堀」のことだと思っていたが、「惣」は「すべて」の意味だと強弁した家康は、**突貫工事であっという間に三の丸、二の丸を埋め立てた。**豊臣方の抗議もむなしく大坂城は本丸を残すのみ、**丸裸も同然のただの城になってしまった。**

さすがタヌキ親父家康、やることがあざといのう。

大坂夏の陣――幸村の乾坤一擲「家康の首を狙え！」

実は秀吉が大坂城の築城を始めた頃、次のように家康に語っていた。

「大坂城は難攻不落の城だが、落とすには次の二つの方法がある。一つは、大軍をもって城を取り囲み、年月をかけて兵糧攻めにする。もう一つは、いったん講和を結んだあと、堀を埋め立ててから再び攻めれば落城するだろう」

なんと、**秀吉自らが難攻不落の大坂城を落城させる秘策を家康に伝授していた**とは……家康は二番目の策を取り、豊臣方は見事にそれにはまった。もはや大坂城攻略は難しくない。あとは、真綿で首を絞めるように豊臣方を追い詰めていくだけだ。

「大坂城に不穏な動きあり」として、家康は「大坂城を出て他国へ移る」か「大坂城から浪人を追放する」ことを要求した。淀殿と秀頼は当然これを拒否し、埋められた堀を再び掘り始めた。

家康はこれを和議に反する行為だとして、再び大坂城を攻めるよう大名たちに命じ、一六一五年四月、**「大坂夏の陣」**が始まった。今度は戦う前から勝敗は見えていた。

豊臣方は大坂城の堀を埋められた以上打って出るしかなかったが、それはつまり

「玉砕《ぎょくさい》」を意味していた。集まっていた浪人の数も半分に減り、幕府軍との数の差も倍以上に開いていた。残った武将たちにとっての夏の陣は、「死に場所」を求める戦いにすぎない。次々に劣勢の知らせが舞い込んでくる中、幸村は、

「こうなったら家康の首を取るしかない‼」

と悲壮な決意を固める。幸村は秀頼に総大将としての出陣を願い出たが受け入れられなかった。「このマザコンの弱虫坊ちゃんめ（失礼‼）」と幸村は心の中で思った。

さしもの家康も切腹を覚悟したが……

幕府軍が城の弱点である南から攻めて来ると予想した幸村は、茶臼山《ちゃうすやま》に陣を構えた。そこは冬の陣の折、家康が陣を構えた場所であり、攻撃にはうってつけの場所だった。茶臼山から三千の兵を率いて出撃した幸村は、正面に布陣する松平忠直《ただなお》の部隊へまっしぐらに突っ込んだ。

最大の目標はその向こうに陣を構える家康だ。かつて桶狭間《おけはざま》の戦いで信長が今川義《よし》元《もと》の首を取った時と同じように、**乾坤一擲の正面突破作戦**だ。大坂城の南側は両軍入り乱れての大乱戦となった。死を賭した真田勢の勢いに、数に勝る幕府軍もたじたじとなった。幸村は松平隊を突破し、ついに家康の本陣へと迫った。

それを押し返す徳川軍、再び攻撃する真田軍……こうした攻防が三度繰り返された。**さしもの家康も、「もはやこれまで。討ち取られるくらいなら切腹しよう」と死を覚悟したが**、井伊直孝《なおたか》や藤堂高虎ら幕府軍の必死の抵抗もあり、家康は無事退却できた。

「無念」……幸村はあと一歩のところで家康の首を討ち損じた。

味方と離れた幸村は安居《やすい》神社（現・大阪市天王寺区）で休んでいたところを、西尾《にしお》仁左衛門《にざえもん》（宗次《むねつぐ》）という武士によって討ち取られた。「真田殿か」と尋ねられた幸村は、

「私の首を取って手柄にされよ」

と答えたという。

一六一五年五月七日、大坂夏の陣は幸村の奮戦も空《むな》しく豊臣方の敗北で幕を閉じた。大坂城には火が放たれ、城内では自害する者が多く、土蔵に逃げていた**淀殿と秀頼も自害して豊臣氏は滅びた**。秀吉からわずか二代。

淀殿は、父浅井長政の小谷《おだに》城、養父柴田《しばた》勝家《かついえ》と母お市の方の北庄《きたのしょう》城、そして秀頼の大坂城と、三つの城と城主が滅ぶのを見届けるという数奇な運命のもと、最期は自ら命を絶った。合掌。

なお、豊臣方の重臣大野治長が、将軍秀忠の娘であり家康の孫娘にあたる千姫を城から脱出させている。千姫は秀頼の妻だったので、家康に秀頼と淀殿の助命を嘆願したが、家康には受け入れられなかった。「後顧《こうこ》の憂い」を断つために、非情に徹した家康だった。

コラム

真田幸村の人生

思えば幸村の人生は、不運の連続だった。

武田信玄《しんげん》の家臣、真田昌幸の次男として生まれた幸村は、十代で上杉氏、ついで豊臣氏の人質となり苦労した。一五八五年の**上田合戦では昌幸の見事な戦略で家康軍を退け**、小大名だった真田の名を全国に知らしめた。

その後、真田家は秀吉に仕え、順調に功を挙げていったが、秀吉が亡くなると五大老のトップとして着々と勢力を拡大していく家康に従った。

ところが家康の存在を苦々しく思っていた石田三成が、秀吉に恩のある武将を集めて家康を討つべく兵を挙げた。ちょうどその時、昌幸と長男信之《のぶゆき》、次男幸村の三人は家康の命で会津の上杉景勝を討ちに出陣していて、徳川秀忠と合流するために下野の犬伏《いぬぶし》（現・栃木県佐野市）で休んでいた。

東軍か、西軍か——関ヶ原の戦いに臨み真田家は苦渋の決断を迫られた

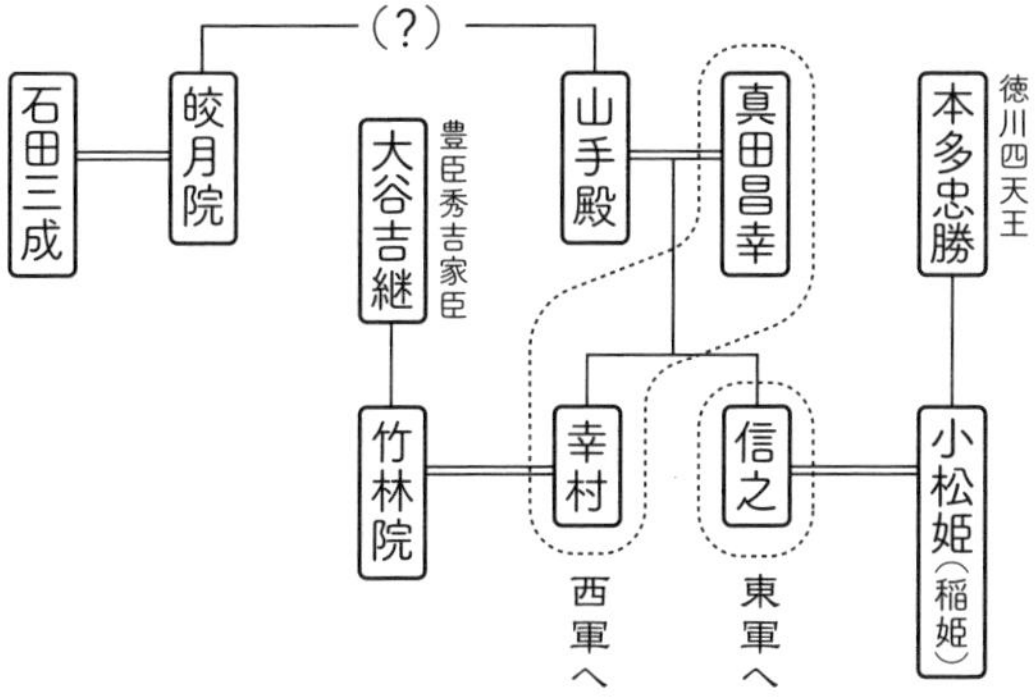

そこに三成から「今仕えている家康の東軍を離れて、三成率いる西軍に味方するようお願いする」という密書が届いた。

この要請は、真田家にとって容易ならぬ決断を迫るものだった。

長男信之の妻は家康の家臣本多忠勝《ただかつ》の娘。一方、次男幸村の妻は秀吉の家臣大谷吉継の娘。今仕えているのは家康だが、秀吉には大きな恩がある……これは困った。

夜通し三人で話し合った結果、**昌幸と幸村は三成率いる西軍へ、信之は家康率いる東軍へ付く**ことになった。

西軍・東軍、どちらが勝っても真田家は生き残れる……「**犬伏の別れ**」といわれるこの決断は苦肉の策であったが、他に結論

は見出せなかった。

昌幸と幸村は関ヶ原の戦いで西軍として戦って敗れた。本来なら死罪のところだが、東軍として戦った信之やその岳父《がくふ》本多忠勝の嘆願で死罪を赦され、二人は九度山《くどやま》(現・和歌山県北部)に流され、その蟄居《ちつきょ》中に失意のどん底で昌幸は亡くなった。

そして、関ヶ原の戦いから十年以上の年月が流れた一六一四年、豊臣秀頼の使者が訪れ、大坂の陣の知らせを聞いた幸村は大坂城に駆けつけたのだった。

「真田丸」を築くなど、幸村の獅子奮迅の活躍は前述のとおり。秀吉の恩に報いるべく最後まで戦った**幸村の生き方は、「日本一《ひのもといち》の兵《つわもの》」「武士の誉《ほま》れ」と褒め称えられ**、江戸時代に軍記物や講談などに多く取り上げられた。

また、近代に入ると「真田十勇士を従えて宿敵タヌキ親父の家康に挑む英雄」といったイメージで講談本などに書かれ、「判官びいき」の日本人に広く愛されている。

家康、七十五歳の大往生！

色々あった人生だけど
天下も取ったし
思い残すことはないのう
おっ、
珍しいな
鯛の天ぷらだ
モグモグ
珍味じゃのう〜
ん？ 急に
お腹がイテテ…
バタッ
※本当の死因は
胃癌らしい
みんな
贅沢するなよ〜
家康、75歳で人生の幕を閉じる
「神号」は「東照大権現」!!
エラそー

大坂夏の陣のあと、家康は「一国一城令」「武家諸法度」「禁中並公家諸法度」を相次いで発布。これらによって大名たちの行動は規制・制限され、また朝廷や公家たちも幕府の統制下に置かれた。

また**大坂方に与した武士たちは、容赦なく死刑に処せられた。**大坂城に集まったのは大半が浪人で、戦がなければ失業するしかない。彼らを生かしておいても治安が悪化するだけ。「戦のない太平の世の実現のため」という大義のもと、冷酷非情な落武者狩りが行われ、何万人もの浪人が命を奪われた。

「薬の調合」もお手のものの健康オタク

関ヶ原の戦いから十六年、長期的戦略の最後の締めくくりである大坂の陣に勝利して豊臣氏を亡ぼした家康も御年《おんとし》七十五歳。信長の享年四十九、秀吉の享年六十三をはるかに超えて長生きしていた。

家康は趣味と実益を兼ねて長年**「薬の調合」**を行い、「医者いらず」を自任していた。健康オタクともいえる**家康は、正室二人、側室十六人以上。子も十一男五女の計**

十六人。最後の子が生まれたのは家康が六十六歳の時だった。
「わしはまだまだ元気じゃぞ!!」とばかりに、家康は駿河《するが》で大好きな鷹狩りをした。かつては戦の訓練と領地視察を兼ねていた鷹狩りだったが、七十五歳になっていた家康にとっての鷹狩りは、ストレス発散を兼ねた一番の健康法だった。

鷹狩りのあと、家康は京からやって来た豪商の三代目茶屋《ちゃや》四《し》郎次《ろうじ》郎《ろう》と会って、思い出話に花を咲かせていた。初代の茶屋四郎次郎は、家康の三大危難の一つ「伊賀越え」の際にさまざまな形で支援を行った人物だ（122ページ参照）。これに恩義を感じた家康は、四郎次郎を御用商人として取り立てた。そして三代目となる四郎次郎は、朱印船《しゅいんせん》貿易の特権を得て莫大な富を得ていた。

「最近、上方では何か珍しいことはないか」と家康が問うと、四郎次郎が「ありますとも。最近、京や大坂では鯛《たい》を『かやの油』（榧《かや》の実から搾《しぼ》った植物油）で揚げて、その上に大韮《おおにら》（らっきょう）をすりかけた食べ物が流行しております。私もいただきましたが、大変よい風味でした」と答えた。

それを聞いた家康は、すぐにそのように調理させた**鯛の天ぷらを食べた**のだが、その夜から腹痛に苦しみ、療養したものの寄る年波には勝てず、一向に回復せず日が経った。

遺言の最後に書かれた一文は――

家康は自らの死期を悟って湯薬《とうやく》も退けて飲まず、天命に準じる覚悟だった。家康は大名たちを呼び、次のように言った。

「天下はひとりの天下にあらず、天下の天下なり」

訳 天下は一人のものではない。天下に暮らすすべての人々の天下である。

この考えに従えば天下は太平で、民は幸せに暮らせるのだと、大名たちに遺品を賜った。特に、前田利常《としつね》、島津家久《いえひさ》、伊達政宗の三人には、それぞれ北国《ほっこく》、西国《さいごく》、奥州《おうしゅう》地方の要となるように命じると、三人とも感涙にむせんだという。

まだ幼い義直《よしなお》、頼宣《よりのぶ》、頼房《よりふさ》の三人の子どものことは、二代将軍秀忠に託した。

鯛の天ぷらを食べてから約三カ月後の一六一六年四月十七日巳《み》の刻（現在の午前十

時頃）、家康は駿府城において、数え年七十五歳（満七十三歳四カ月）でその人生の幕を下ろした。

『徳川実紀』が伝えるところでは、以下の二首を辞世として詠んでいる。

嬉《うれし》やと　再び覚めて　一眠り　浮世の夢は　暁《あかつき》の空

㊟（もう再び目覚めることはないと思っていたら）嬉しいことにもう一度目覚めることができて、またひと眠りした。この世で見る夢は夜明けの美しい空のようだ。

先にゆき　跡に残るも　同じ事　つれて行《いけ》ぬを　別れとぞ思ふ

㊟先にあの世に行こうとも、遅れてあとに残ろうとも所詮《しょせん》人生は同じことだ。あの世に連れていこうとも思わない。「さらばだ」と思うだけだ。

家康の遺言により、遺骸は久能山《くのうざん》（現・静岡市駿河区）に移された。遺言の最後に、「東国は譜代大名が多いから安心だが、**西国は謀反の心配がある。私の像は西向きに建てるように**」と書かれていた。

ちなみに家康の死因として「鯛の天ぷらによる食中毒説」が流布《るふ》しているが、『徳川実紀』において、「吐血と黒い便、腹にできた大きなシコリは、手で触って確認できるくらいだった」と書かれていることから、死因は胃癌ではないかと推測される。

なお、その後、大奥で天ぷら料理をしていてあやうく火事になりかけたということもあって、江戸城内では天ぷらをすることは禁止となった。

コラム

天海が発案！　家康の神号「東照大権現」

家康が「死後共に眠りたい」と言った天台宗《てんだいしゅう》の僧侶南光坊《なんこうぼう》**天海**。

前半生は不明の人物で、その出自を自ら語ることもなく、三浦氏の一族説、足利《あしかが》将軍落胤《らくいん》説、さらには**姿を変えて生き残った明智《あけち》光秀《みつひで》説**まである。家康の側近として宗教政策に携わり、朝廷との交渉などの役割を担った。また江戸の東西南北に、青龍《せいりゅう》・白虎《びゃっこ》・朱雀《すざく》・玄武《げんぶ》の四方向を司る神（四神《しじん》）を配置し、結界《けっかい》を張り巡らせて江戸を護った。

家康の死後、「神号（勅諡号《ちょくしごう》）」について、天海と金地院崇伝らの間で争われたことがあった。

崇伝が神号は「**明神**《みょうじん》」とし、古来よりの吉田《よしだ》神道《しんとう》で祀《まつ》るべきだと主張したのに対し、天海は神号を「**権現**《ごんげん》」とし、自らの宗教である山王一実《さんのういちじつ》神道で祀ることを主張した。

具体的に言えば、「明神」とは神仏習合説によって、神様を仏教側から呼ぶ名称で、「威厳と徳のある神」という意味。「権現」は仏や菩薩《ぼさつ》が「仮（＝権）」に姿を変えて日本の神様として「現」れることで、「人を救う神」という意味を持つ。どっちでもいいような気もするが、とにかく意見は平行線……ここで天海が決定的な言葉を発する。

「豊臣氏が滅びたのは、秀吉殿の『神号』が『豊国大明神《とよくにだいみょうじん》』だったためであり、『明神』は不吉である!!」

この結果、二代将軍秀忠が天海の意見を容《い》れて「権現」とすることになった。朝廷から示された四択「日本大権現《ひのもとだいごんげん》・東光大権現《とうこうだいごんげん》・威霊大権現《いれいだいごんげん》・東照大権現《とうしょうだいごんげん》」の中で、最初は「日本大権現」が有力だったが、ここでも**天海の強い意見で「東照大権現」と決まり、死の翌年、後水尾天皇《ごみずのおてんのう》から贈られた。**まさに天海の逆転満塁ホームランじゃ。

家康が薬マニアだったので「薬師如来《やくしにょらい》」の東方浄瑠璃浄土《じょうるりじょうど》を意味する「東照」を選んだというのは表向きの理由。太陽の沈む西の京都（朝廷）に対する太陽が昇り照る東の江戸（幕府）という裏の意味もあった。天皇家の祖先神に対抗する形で、関東武士の祖先神「東照大権現」となった家康だった。

そののち家康は正一位《しょういちい》の神階《しんかい》（朝廷が神々に奉授した位階のこと）が贈られ、江戸幕府の始祖として「権現様」「神君家康」として崇拝され続けた（ちなみに家康を「東照神君」、源頼朝を「鎌倉神君」と呼び分けることがある）。

なお**天海**は、その後三代将軍家光にも仕え、幕府の中枢で江戸の都市計画にも関わったりした。また、日本の印刷文化史上、画期的な業績の一つ、**仏教経典の総集である『大蔵経《だいぞうきょう》』の印刷**を成し遂げている。その時天海が作製させた木製活字は二十六万個以上にも及ぶが、それは寛永寺《かんえいじ》（東京都台東区）に現存している。

そんな天海は超～長生きし、一六四三年に百八歳で没したとされる。

コラム

家康は倹約家？ それともケチ？

家康は、**「平氏を滅ぼす者は平氏であり、鎌倉を滅ぼす者は鎌倉である。奢侈《しゃし》は戒めなければならない」**と常々言い、必要や身分を超えた贅沢《ぜいたく》を禁じた。天下を取ってからも、黄金の団扇《うちわ》を献じられると、喜ぶどころか人目につかないように隠させ、華美な小袖《こそで》を着ている近臣を見ると他に悪影響を及ぼしては困ると、閉門を申しつけるなどした。

自らも粗衣粗食で通し、万事につけて倹約する家康に対して「徳川殿はケチ親父よ」と、陰口を叩く者もあった。ある日家康が、

「わしは毎日贅沢しても大丈夫なくらいの金銀財宝を持っている。しかし、その蓄えは天下の人に施すか、子孫が国を統治するのに不足がないように蓄えて

いるのであってケチとは違う。無用、無駄な贅沢は国を滅ぼすもとになる」

と言って周りをたしなめたという。

そんな家康なので、死に臨んでも「わしの廟所《びょうしょ》（墓所）は質素な造作にしておくように」と命じている。

栃木県日光市にある日光東照宮は、家康を神格化した「東照大権現」を主祭神として祀る神社だが、現在のように絢爛《けんらん》たる社殿になったのは、一六三六年の家康二十一回神忌《しんき》に向けて三代家光が大造替《だいぞうたい》を行って以降のものだ。

「一周忌が過ぎたら**日光山に小さな堂を建てて勧請《かんじょう》し、神として祀ること**」と遺言した家康にとっては、ちょっと豪華すぎる造りになってしまった。「徳川を滅ぼす者は徳川である」という家康の、残念な声が彦左には聞こえるようじゃ。

徳川家康（1542～1616）

※家康は、1542（天文11）年12月26日生まれなので、**数え年では次の年の1月には2歳**となる。生誕わずか1週間も経たずに2歳になるという数え方だが、歴史人物は数え年で計算するのが通例なので、これに従う。

西暦	年齢	
1542年	1歳※	三河岡崎城主松平広忠の長男として生まれる。幼名「竹千代」
1544年	3歳	父広忠と母於大の方が離別する
1547年	6歳	尾張の織田信秀（信長の父）の人質になる
1549年	8歳	父広忠が暗殺される。人質交換によって駿府の今川家へ行く
1555年	14歳	元服する。「松平元信」と改名
1557年	16歳	築山殿と結婚する。「松平元康」と改名
1558年	17歳	初陣
1560年	19歳	「桶狭間の戦い」で今川義元戦死。岡崎城に戻って自立する
1562年	21歳	織田信長と和睦。「清洲同盟」を結ぶ
1563年	22歳	今川家と断交。「松平家康」と改名
1564年	23歳	「三河一向一揆」を鎮圧
1566年	25歳	三河を統一。「徳川家康」と改名
1570年	29歳	「姉川の戦い」に勝利する。居城を浜松城へ移す

1572年	31歳	「三方ヶ原の戦い」で、武田軍に大敗を喫す
1573年	32歳	武田信玄死す
1575年	34歳	「長篠の戦い」で、織田軍と連合し武田軍を破る
1579年	38歳	織田信長の命により、正室築山殿を殺害、長男信康を自害させる
1582年	41歳	武田家滅亡。遠江・駿河を得る 織田信長が「本能寺の変」で自害 決死の「伊賀越え」 「山崎の戦い」で羽柴秀吉が明智光秀を討つ 「清洲会議」が行われる 甲斐・信濃を奪い、5カ国を治める大大名となる
1584年	43歳	羽柴秀吉との「小牧・長久手の戦い」で講和
1586年	45歳	秀吉の妹朝日姫と結婚。人質として秀吉の母大政所を迎える 大坂城にて豊臣秀吉に謁見 居城を浜松城から駿府城へ移す
1590年	49歳	「小田原征伐」。北条家滅ぶ 関東へ国替えとなり、江戸城に入る

1592年	51歳	「文禄の役」（朝鮮出兵）。肥前名護屋に在陣
1598年	57歳	豊臣秀吉死す。五大老の一人となる
1599年	58歳	前田利家死す
1600年	59歳	会津の上杉景勝の征伐へ向かう
		「関ヶ原の戦い」に勝利する
1603年	62歳	征夷大将軍に任じられ、江戸幕府を開く
1605年	64歳	息子の秀忠に将軍職を譲る。大御所として実権を握る
1607年	66歳	駿府城に移る
1611年	70歳	二条城で豊臣秀頼と対面する
1612年	71歳	キリスト教を禁止
1614年	73歳	「大坂冬の陣」。豊臣家と和議を結ぶ
1615年	74歳	「大坂夏の陣」にて、豊臣家を滅ぼす
		「一国一城令」「武家諸法度」「禁中並公家諸法度」発布
1616年	75歳	駿府城で薨去《こうきょ》（満73歳4カ月）
		久能山に埋葬される
1617年		日光に移し祀られる

●参考文献

『現代語訳徳川実紀 家康公伝1〜5』大石学・佐藤宏之・小宮山敏和・野口朋隆編（吉川弘文館）／『三河物語』大久保彦左衛門著・百瀬明治編訳（徳間書店）／『現代語訳 信長公記』太田牛一著・中川太古訳（中経出版）／『名将言行録 現代語訳』岡谷繁実著・北小路健・中澤惠子編訳（講談社学術文庫）／『日本史 1〜5』ルイス・フロイス著・柳谷武夫訳（平凡社東洋文庫）／『新・歴史群像シリーズ③ 信長・秀吉・家康―天下統一と戦国の三英傑』、『歴史群像シリーズ⑪ 徳川家康―四海統一への大武略』（以上、学研プラス）／『完全図解！歴史人物データファイル 1〜7』小和田哲男監修（ポプラ社）／『歴史秘話ヒストリア 戦国武将編 織田信長』、『歴史秘話ヒストリア 戦国武将編 徳川家康』、『歴史秘話ヒストリア 戦国武将編 豊臣秀吉』、『歴史秘話ヒストリア 戦国武将編 上杉謙信』、『歴史秘話ヒストリア 戦国武将編 武田信玄』、『その時歴史が動いた 信長 執念の天下統一』（以上DVD、NHKエンタープライズ）／『完全制覇 戦国合戦史』外川淳（立風書房）／『図説 日本人が知らなかった戦国地図』歴史の謎研究会編（青春出版社）／『堺屋太一著作集 第10巻 秀吉』堺屋太一（東京書籍）／『英傑の日本史 上杉越後軍団編』井沢元彦、『英傑の日本史 風林火山編』井沢元彦、『英傑の日本史 信長・秀吉・家康編』井沢元彦（以上、角川文庫）／『葵 徳川三代 上中下』ジェームス三木（日本放送出版協会）／『マンガ日本の古典㉓ 三河物語』安彦良和（中公文庫）／『歴史人』二〇一七年六月号「戦国最強合戦ランキング」、二〇一六年六月号「戦国最強猛将ランキング！」（KKベストセラーズ）

●写真提供（数字は掲載ページ）

『姉川合戦図屛風（部分）』福井県立歴史博物館：P. 45／月岡芳年『三河後風土記之内大樹寺御難戦之図［錦絵］』岡崎市立中央図書館：P. 57／ColBase（https://colbase.nich.go.jp/）：P. 64、169、170／フォトライブラリー：P. 75、93／『徳川家康 三方ケ原戦役画像（部分）』徳川美術館蔵、©徳川美術館イメージアーカイブ、DNPartcom：P. 81／国立国会図書館ウェブサイト：P. 87／『落合左平次道次背旗』東京大学史料編纂所：P. 101／『紙本著色本多忠勝像』良玄寺蔵、千葉県立中央博物館大多喜城分館提供：P. 171／PIXTA：P. 222／「真田丸復元ジオラマ」大阪市天王寺区役所：P. 228

本書は、本文庫のために書き下ろされたものです。

眠《ねむ》れないほどおもしろい徳川実紀《とくがわじつき》

著者　板野博行（いたの・ひろゆき）
発行者　押鐘太陽
発行所　株式会社三笠書房
〒102-0072 東京都千代田区飯田橋3-3-1
電話　03-5226-5734（営業部）03-5226-5731（編集部）
https://www.mikasashobo.co.jp
印刷　誠宏印刷
製本　ナショナル製本

 ISBN978-4-8379-3031-0 C0195

王様文庫